莊子的生命哲學

葉海煙　著

莊子的翩翩寓言與思想，
演示著在這個一再發生災難的世界裡，
如何活成一個真正獨立的自由之身。

東大圖書公司

新版序

《莊子的生命哲學》一九九〇年出版迄今，整整三十年來，有關莊子其人其書的相關著述，以及其所延展開來的學術性與哲學性的研究成果，不斷地推陳出新，也同時不間斷地有了新的思維、新的觀念、新的問題，以及應對問題、解決問題的新策略與新方式；而這本已然是「舊書」的論著，竟然還有機會以新的面貌，又一次出現在所有喜愛莊子的讀者面前，應該可以說是這一本書的福分，也自是作者的幸運了。

三十年前，作者運用「生命哲學」作為基本之論域與論題，由此拓開全向度的意義脈絡，進而探入《莊子》原初之文本，以多方驗證所謂的「生命哲學」並非只是一個哲學觀念，更非一徒具理論形式的邏輯思考，而是有血又有肉，有骨又有髓，有深厚之基底又有高大之架構的哲學範疇，恰恰可以用來匹配兩千多年以前的偉大哲人所經營出來的智性寶典。如今看來，此一學術性的嘗試，還不至於徒勞無功，而究竟有了一些正向的影響。

這本不算太厚太重，讀來也不至於讓人覺得枯澀無味的學術著作，原本是作者的博士學位論文；而既是論文，便須有論文的基本規格以及必要的章節排序。因此，本書共十一章的安排，也就有不得不然的理由。一方面，論文的先後條理，必須按照「生命哲學」內在的理路前行；另一方面，則必須依循經典詮釋的模式與進路，並尊重莊子篇幅原本組構的實質內容，而以「內七篇」為核心，展開足以與「生命哲學」相關議題相互接應的探討工作。

展望未來，私心盼望後繼者持續闡揚「莊子其人」的人格特質與精神風貌，將原始道家思想底蘊裡的「人」能夠現出真身來；同時，也能大肆搜索「莊子其書」的觀念珍藏，而追究出《莊子》的字裡行間，到底還有什麼會發光發亮的稀世珍寶，可以和當代思潮相互激盪。如此兩路並進，或許才能兼顧「人有哲學」和「哲學有人」的人文學的意義雙軸。

當然，一本書要長長久久，便必須有一些讓人可以一再品味的內涵。因此，既然莊子其人其書（應可以說是「奇人奇書」）已然經久不衰，那麼，所有涉及莊子與《莊子》的論述與著作，便不能不盡量保存莊子與《莊子》所孕育的歷久不竭的意義與理念，否則，問津者恐怕會寥寥無幾。而就嚴謹的學術判準與寬闊的研究視域看來，「莊子哲學」當然不是所謂的「生命哲學」所能全然概括；眾所皆知，《莊子》一書確實可以讓我們從歷史、文化、神話、語言、文學，宗教、藝術與哲學等人文學的視角切入，而最終可以有所斬獲。

說來慚愧，個人也無能免俗，甚至還有些許敝帚自珍。因此，也想趁拙作改版之際，透露一點小小的心願：莊子「生命哲學」的疆土還有待多方多面多向度地開拓與墾植。而在拙作第一章「導論」裡，個人所提出的莊子生命哲學的十二個方向（十二個問題），顯然還值得後續的探究，特別是最後兩個問題：「莊子如何提升生命的境界？」與「莊子如何面對生命的終極？」。個人深信「後來者居上」不會是一句空話，而我們的生命理念與生命關懷也彷彿甘泉湧穴，自然而然——莊子如是言，如是行，如是現其身，撰其文，著其書。

在拙作改版前夕，個人衷心感謝恩庭協助完成校改的工作，更感謝三民書局編輯部為改版多所費心，讓拙作終於能夠以更完好的面貌又一次現身。

葉海煙

二〇二一年一月十三日

羅序

葉海煙教授的博士論文，研究莊子的生命哲學，從莊子的心態，深入探索莊子對生命的目標，和生命目標的追求，尤其深切地體驗莊子發展生命的經歷。在這些方面，都能有適當的敘述和說明。論文的文字流暢活動，也能引人入勝。

莊子的心態是一種浩然無垠而又逍遙自然的心態，他對生命的目標，在於追求永恆；他的養生方法，在於無欲無為，保養元氣，和天地以長終。

莊子生命哲學的根基則在於氣，他是中國哲學史上第一位講氣的哲學家。他主張由道而有氣，氣為一，為有，宇宙同一氣，氣成萬物，宇宙之氣在人心中，人以此心之氣與宇宙萬物相通，乃有氣知、氣化，保養心靈元氣，心成心齋，心齋墮棄形骸，忘懷人世，達到真人的境界，有如後世道教所說「羽化而登仙」。

葉博士的論文將由東大圖書公司印成專書，來函索一序文，我將莊子的人生哲學略加說明，作為短序。

羅　光

民國七十九年正月廿五日

序於輔仁大學

自序

莊子哲學是生命自我超越的具體成果。莊子逍遙物外的生命態度幾乎澈底具現了老子的道，而成就了中國文化系統中至高的生命典範；莊子物物大齊、論論平等的思維方向則為人類知識之發展預設了解決困境與危機的基石。

在今日高談意義的年代，我們一方面須還莊子真面目，全力整合其思想脈絡；另一方面則須對莊子哲學作創造性的詮釋，以抉發其深邃的哲學意理。我們大可從各種角度來探索莊子哲學，而在對比的情境中將莊子心靈的成素予以解析，並經由統合的原則，重建莊子高標的生命風格。當然，我們不可把七寶樓臺擊碎，也不可在樓臺下妄發議論。我們是該走入其中，並慢步登上最高層，而在仔細琢磨之餘，再放眼四顧，如此我們與莊子便可在「無何有之鄉」相看不厭了。

本書以莊子的生命哲學為研究範疇，並認定生命意義的探討與生命問題的解決為莊子哲學的中心論題。本書撰作之目的旨在以現代哲學的眼光透視莊子生命哲學的概念內涵，並試圖接合莊子哲學的三大部門：生命的形上學、生命的宇宙論及生命的倫理學，以展示莊子哲學的全貌。

本書的研究方法，並用詮釋法與對比法、融貫法與旁通法，並配合莊子哲學本具的脈絡，將其開展為問題系統與概念系統，進而作全面性的解說，以避免局部之分析與重點之強調所可能產生的流弊。於行文說理之際，除了盡量再現莊子原始語言的真實意義之外，並以西方生命哲學之概念抉取莊子涵詠生命精神所得的玄深義趣，俾增加詮釋的開放性與創造性。

至於本書之內容共分十一章。首先論述莊子生命哲學的主要特色、基本型態及其形上進路、形上課題，並分別從十個角度透顯莊子生命之特質，以建立莊子生命哲學的形上意義。接著從生命的道論與宇宙論，解析莊子生命哲學的形上基礎，然後再就莊子自身之思想架構，分別將〈齊物論〉與〈逍遙遊〉兩篇之內在理路，展為生命之認知論與生命之境界論，而將兩論貫通為一大哲學系統，此一貫通之道在生命的實踐之中，即可鋪陳為生命倫理，而在生命倫理的實存價值之上，莊子標立了人格崇高之理想。最後在結論裡，於疏理莊子思想的基本模式之餘，筆者試作適度的批判，以斟定莊子哲學的真正價值。

在莊子的前導下，我們或可逐步建立起系統哲學的雄大規模，以實現人類理性從事哲學思考及以哲學思考自我生命的深宏大願。今日看來，莊子哲學的時代意義彌足珍貴。莊子在對應其時代環境之後立即超越自我及其周遭之一切，他或明或暗地表示：唯有超越自我，才能造就自我進而自我成全；也唯有超越時代環境，才能把時代環境推向更高更遠更好的境界。

莊子留給我們的不僅是一堆待解的符號及只供想像力馳騁的寓言故事，我們是應在莊子付予生命的大愛中冷靜思索生命的向度，並應在莊子用以批判世俗的智慧裡勇敢地面對可能一再發生災難的世界。在人聲鼎沸之中，我們若能對莊子哲學作深層的省思，或可發現許多問題的癥結，就以政治事務為例，若我們能謹守生命的範疇，堅持生命的立場，則權力所能製造的禍患就將大為減少，正如筆者在本書第二章所說：「莊子之面對當時之政治，則以超政治的作風，試圖消解政治在人心中所引起的『意念的災害』，使政治不害吾人之生命，使政治倫理得以在大道之行中逐步轉為生命之倫理。」這對一切政治之現實應多少有照明的作用。

此外，莊子哲學所含藏的自由民主精神，更值得我們努力挖掘全力體現。筆者從莊子齊物哲學所獲致的一點啟示：「真實的自由來自思想的自由，而思想的自由植根於生命的超脫與心靈的解放。」「理想意義的民主須以個體之獨立性為礎石，人人當體自足，進而在才性與德性兩方面不斷地自我超越。」「真民主是價值的真體現，真自由是心靈的真解脫。無道德即無真民主，喪失價值的內涵，生命即無真實之意義；無平等即無真自由，離開生命共同的立足點，自由將成浪漫的幻想。」這是為自由民主立定根本，雖和社會問題無直接之交涉，但大可鼓舞吾人之生命，激勵吾人之生活，從而培成剛健活潑的新生命，更由此豐沛淋漓的生命內涵發出崇高的抗議精神，至於養成倜儻不群瀟灑不拘的性格，如此因抗議而批判，因批判而超越，因超越而包容，因包容而發展，我們這個社會當可獲致動態的平衡及生生不息的安定。由此看來，我們仍需要哲學，我們更需要莊子。

謝謝焯炤師慷慨賜序，由於焯炤師多方指導，本書才得以順利寫就；然因筆者才力受限，哲學思維仍不夠謹密，故書中尚有許多論點亟待斟定，距離焯炤師的學術要求甚遠，今後惟不斷自我鞭策，自我修正，以使此小小一步不至於為時間所湮沒。

淑均長時間的支持與協助，使筆者能在不惑之年之前擁有這麼一點學術成品，筆者願意和她共享這麼一點心靈的喜悅。文藻外語專校大方地給筆者一段不算短的假日，加快了拙著的出爐；東大圖書公司願意第三度接納筆者的心血結晶，實在令人振奮。在此，謹一併誌謝。

葉海煙
民國七十九年三月六日
於高雄文藻語專

目次

第一章 導 論

本論文以莊子的生命哲學為研究範疇。就莊子哲學主要的課題而言，我們可以大概言之：莊子的哲學是一種獨特的生命哲學，對生命本體的詮定、對生命真實的認識及對生命問題的解決，乃莊子哲學的主要意義。

西方哲學如此界定「生命哲學」(Life Philosophy)：「日常用語中，生命哲學往往指對實際生活有用的智慧和看法。討論道德生活的目標和標準的倫理學也有人稱之為生命哲學或人生哲學。因此，以倫理規律和對生命的見地為主的哲學系統，往往稱為生命哲學。」[1]

藉此一定義，我們可以先簡單分析莊子生命哲學的特點：

一、莊子以融貫的方法處理生命哲學的各種課題，其手法高妙，思想語言頗富象徵意義。莊子認為生命有無窮的階層，並在生命無窮的階層中由有限向無限，由相對向絕

1 見布魯格編著《西洋哲學辭典》，項退結編譯，先知出版社，民國六十五年臺初版，第二三八頁。

對，他的超越路徑十分值得注意。

二、莊子有其對現象世界的系統見解，也有其對精神生命的形上智慧；在兩者之間，莊子不多作理論的分析，也不以邏輯為思維之中介，而致力於生命內涵的開發、生命精神的闡揚，以及生命境界的提升，以轉現實生活為充滿生命情趣的生活，並使高超的形上智慧流注於生命的現實之中，以使吾人之生命體現生命本具之真實之形上意義。莊子對事實、現實與真實的一貫性，確有十分深入的了解。

三、道是莊子倫理生活的原則和目標。莊子的倫理學是道的倫理學，他以道綰結倫理的網絡，解決所有倫理的問題。不斷趨向道，回歸道，各種人倫規範便不至於成為吾人自我覺醒與超升的阻礙。

四、莊子對生命的見解不僅為其思想之中心，亦是他開展無窮的生命行動的指導原則。

所以從「生命哲學」的角度來研究莊子哲學，有三點理由：

一、為了突顯莊子獨立、高超的生命精神。我們可以如此假定：沒有莊子的生命，便不可能出現莊子的哲學，而莊子深刻的生命體驗，使其生命與其哲學之關係難以離析。《莊子》一書中，處處可見莊子其人的身影，處處可見莊子其人的思想結晶。

二、莊子以道結合生與命，生命是一切理論與實踐的主體。莊子以氣的聚散解釋生死現象，消除生死的現象意義，乃莊子的主要工作，由道與氣所開展出來的存在範疇與心性範疇，乃莊子哲學意理的所在。

三、莊子不強調生命個體與天地（世界）之間的對立性，而注重生命體與天地的一體性。由此一體性，莊子設法成就其理想的人生，而體現此一體性的人，乃理想之人，即所謂「至人」、「神人」、「真人」。

若以問題為研究取向，至少有十二個有關生命的連鎖問題是莊子所關切的，它們提供我們研究莊子生命哲學的確實方向：

一、莊子如何追溯生命的源頭？
二、莊子如何肯定生命的存在？
三、莊子如何確認生命的價值？
四、莊子如何條理生命的脈絡？
五、莊子如何突破生命的障礙？
六、莊子如何回應生命的挑戰？
七、莊子如何消解生命的假象？

八、莊子如何建立生命的基構？
九、莊子如何展現生命的氣象？
十、莊子如何完成生命的潛能？
十一、莊子如何提升生命的境界？
十二、莊子如何面對生命的終極？

這十二個問題其實是一個問題，它們本是不能橫列開來的。生命的問題多端，而莊子以「道」為解決之道。可以說，這十二個問題的答案只有一個：莊子的道。知「道」體「道」行「道」，十二個問題將全部獲得解決。道是生命的源頭，道是生命存在的基礎，生命的價值與生命的脈絡由道展開。實踐道，使吾人得以突破生命的障礙，回應生命的種種挑戰，如此生命的假象於是得以消解，生命的真相便可大白。道是生命基構所在，生命氣象所以無比盛大，乃是道的大用所致。道賦予生命無限的潛能，因道是無限的。又因道無比崇高，所以吾人的生命境界重重無盡，欲提升吾人生命至於玄冥大道，唯發揮道在吾人生命中所有的造化蘊涵。生命的終極是道，因此生命的終極乃是無終極的終極，不主宰的主宰，因道周流太虛，生命的系統無窮無盡。

莊子雖未有明確的「問題取向」，但對攸關生命根本之問題卻有其十分強烈的意識。

《莊子》一書中，有各種之設問，莊子藉此獲致其思想之重要理念。莊子面對生命，所引發的問題是無窮無盡的。無窮無盡的問題指向無窮無盡的意義的世界，其中，有些問題是具有窮極性的，是沒有定義性的答案的，例如：

百骸、九竅、六藏，賅而存焉，吾誰與為親？汝皆說之乎？其有私焉？如是皆有為臣妾乎？其臣妾不足以相治乎？其遞相為君臣乎？其有真君存焉？（〈齊物論〉）

不知周之夢為胡蝶與，胡蝶之夢為周與？（〈齊物論〉）

庸詎知吾所謂知之非不知邪？庸詎知吾所謂不知之非知邪？（〈齊物論〉）

庸詎知吾所謂天之非人乎？所謂人之非天乎？（〈大宗師〉）

莊子對這些問題不多所論辯，而讓它們引領思想辯證的方向，以超越感覺、印象，以作主動的理性的綜合，以達到知識的最高的層次，莊子善用語言之功能，由此可見，而這些問題也顯示了莊子哲學的特色。莊子不輕易設定真理之固定準則，不任意為生命下任何之價值判斷，而一心關注生命最根本的課題，故其問題大多是具有根本性的。可以說，莊子是以生命為一大問題，同時也以生命存在之世界為一大問題，所有的問題皆由生命及其存在之實況所引發，其中，最具嚴重性的是自然與人文的交互關係所衍生的各種問題，許多和道德修養有關的問題都包涵於其內。故前述十二個問題，雖非莊子所明言，但其實蘊藏在莊子的思想系統中，解決這些問題的方式及策略即構成莊子生命哲學的主要內涵，莊子由此顯現道的多向且多層的意義，並教吾人詮讀生命本體為最深刻的體驗，詮讀生命現象為最豐富的經驗，而將真實生命展現於吾人面前。

若以生命為認識的對象，以有生命之物為研究生命的起點，則莊子對有生命之物的看法確有其不同於西方哲學的特點：

一、莊子是以大生命涵攝小生命，故其著意於有生命之物者，不是有生命之物的紛歧差異之相，而是有生命之物的共同存活之道，而此共同存活之道就是莊子的道。道之作為存在物之實現原理與道之作為生命體之存活原理，兩者之間，有其一貫之道。

二、道是生命的形上本體，有生命之物是道的具體呈顯。道是通過「氣」而具體呈顯各種生命以及生命的各種型態。氣不僅是生命的質料因，它與道的關係，使生命能不斷超越形式與質料的組合，而進入一體不分的境界。

三、莊子平等對待一切有生命之物，並將有生命之物的個體性，統合於道的一體性中。

四、莊子注重生命的發展，並以生命的發展為有生命之物提供一種莊子式的不死的可能性。

五、莊子對有生命之物的分析並不複雜，他有簡化生命原理的意向，因他以「道」觀一切有生命之物。

六、莊子看重精神之生命及生命之精神，對於助成有生之物的形下因素，他並未多作分析。

七、莊子企圖將生命的自然有機性及無窮變化性同時貫注於有生命之物中，以使它們解脫頑冥的機械的因果律。[2]

存有是西方形上學的首要範疇，莊子則以生命代替存有，以生命作為形上學諸多意

2 項退結在〈從中國傳統哲學的生命觀走向比較完整的生命概念〉一文中對「有生命之物」作下列定義：「與其他個體密切聯繫而具生發其他個體及向更高更複雜統一性發展的傾向之個體。」又云：「這一定義包括下列三個主要因素：一、有生命之物始終是個體，二、有生命之物具生發其他個體及向更高層發展的傾向，三、有生命之物與其他個體彼此密切聯繫。」見《哲學與文化》月刊第七卷第五期，民國六十九年五月，第二八頁。

義的根源。當然，莊子的生命是以人的生命為中樞，由此一中樞，莊子輻射生命的力量，欲將整個存在界轉化成生機盎然的領域。他反對一切與真實生命為敵的事物，他所以運用高超的理性及想像，點化吾人之生存環境成一生命活動通達流暢的世界，進而使生命得以淨化、純化、美化，原是為了使人的生命能不斷超升飛騰。

方東美先生認為莊子如同其他中國哲學家，肯定「人源於神性」、「性具有無限的潛能」[3]，莊子的神人便是人發揮神性的具體成就。人性中有神性，這是莊子修養論的基本命題。人性所具的無限潛能使人能在存在的階層中往上超升，步步逼進具絕對存有之內涵的道，這是莊子大舉結合本體論、宇宙論與人生論的一貫進路。方東美先生說莊子主張：「生命的崇高在於經驗範圍的拓寬，使我們的精神昇華，和道體合一，使我們把人世的快樂和天道的至樂打成一片。」[4]所謂「至樂無樂」（〈至樂〉）便是人與道體合一所自然湧現的幸福，此乃人生之真福。因道以無為本，故此至樂已無樂可求，不求而樂，無入而不自得，如此心境不僅為至人神人真人聖人所共有，也是人人可共同企求的。如

3方東美《生生之德》，黎明文化事業公司，民國七十一年四版，第二七一頁。

4同上，第二七三頁。

何使吾人之精神昇華，以臻於天人合一之境，確是莊子哲學不斷致力於生命經驗之開拓的一貫歷程。

文化哲學家卡西勒(Ernst Cassirer)曾如此倡言：哲學的人學最大的關切是整個人類的命運[5]。莊子哲學最大的關切即是人自身的命運，而改變命運的關鍵在於人心人性根本的變革。所謂「歸根復命」乃生命自我之變革，目的在於完成自覺的理想的生命。他似乎已超乎歷史背景及文化傳統，在廣大的天地中及無限深廣的人性基礎上，創造人類共享理性光明及人性滋養的前景。面對整體的人文業績，莊子是已具備「哲學的人學」(Philosophical Anthropology)的遠大視野。在〈天下〉中，我們還可看見一種對比哲學的

---

5 參見卡西勒(Ernst Cassirer)《論人》(*An Essay on Man*)一書。在這本書中，卡西勒強調生命自身還變不定，但生命的真價值則不變，它來自一永恆的秩序，人乃因此可以是自由、自主、自足的。卡西勒又以為哲學之綜合乃一「創造歷程」(Creative Process)，它使人性指向一共同之目標，終統合了殊異與對立。卡氏並主張人類文化有一種動態的均衡，其中相反之勢力隱藏著調和的傾向。以上另請參見杜若洲譯《人的哲學》，審美出版社，民國六十五年初版，第一二、一四、一一三、三五三等頁。筆者認為莊子思想有其哲學之綜合，他關懷人性及文化，旨在指向一源自永恆價值的終極目的，而他注重動態、均衡、調和等觀點，和卡西勒的看法有不謀而合之處。

手法，展現了先秦哲學的全貌，並作了持平的批判，乃因而開拓了莊子哲學的廣大視野。莊子似乎是對比哲學的實踐者，他依存有之韻律（道的韻律），全面展開多向的對比及所有差異的大包容[6]。

至於《莊子》一書的主要內涵幾乎是以寓言出之，所謂「寓言十九」（〈寓言〉）。由於寓言的大量使用，難免造成文字意義的混淆及思惟理路的紛歧[7]。不過，這似乎是莊子著意如此，且有其不得不然的苦衷，因生命現象是流變不定的，生命意義是錯雜綜貫的，而面對生命進而表詮生命的語言又有其自身之限制。吳光明先生對此有十分貼切的析論：「我們需要無拘束地出入諸多比喻，嘗試用新比喻，以新觀點使用舊比喻，在某一情況下活在某一比喻中，在另一情況下又活在另一比喻中。為要如此自由出入於很多

6 關於「對比哲學」，參見沈清松《現代哲學論衡》第一章：〈導論：方法，歷史與存有——對比哲學概觀〉，黎明文化事業公司，民國七十四年出版，第一—二八頁。

7 羅光認為莊子思想的缺點在於寓言為幻想，幻想和客觀的哲理距離很遠，且常迷離不清楚，不能令人確實看到哲學思想的觀念和觀念的確實意義。參見羅光《中國哲學思想史．先秦篇》，臺灣學生書局，民國七十一年增訂重版，第四九四頁。

比喻，我們要有新的比喻把我們喚起、惹激而由舊比喻徙移出來。莊書就是這種比喻的比喻。」[8]莊子將比喻交織成天羅地網，從〈逍遙遊〉鯤鵬之喻開始，比喻如鯤鵬般不斷變現。比喻的變現自在是莊子心靈自由最具體的明證，比喻的象徵意義使莊子的哲學理念由抽象而具象，以至於充滿生命意味，而各種比喻彼此相連，相互對待，則展現了莊子哲學的平等精神。

大體而言，莊子秉承中國哲學重生命的傳統，而以生命為哲學思索的全般領域，一方面發揮《易．繫辭傳》「天地之大德曰生」的真純之生命力，一方面發揚《易．復卦》「復，其見天地之心乎」的生命精神及其出入往返之道。循此脈絡，莊子轉自然天地為吾人精神解放之無窮領域。他發現吾人生命之主宰，以使生命之流變成為自覺自主的活動。他注意情感意識的感通、消解與超化，他融洽了宇宙人生各種層次，並在此無窮的生命系統中，確立了人性的尊嚴與崇高。

因此，本論文將以生命概念貫穿全篇，並用分析法與貫通法，詮釋法與對比法，同時兼顧問題取向與概念取向，以揭開莊子生命哲學的形上進路、形上課題、形上意義。

8 吳光明《莊子》，東大圖書公司，民國七十七年初版，第一六九頁。

就《莊子》一書的內容看來，〈逍遙遊〉與〈齊物論〉為莊子生命哲學的重心所在，由生命之認知以迄生命之境界，其間有生命之修養論及人格之超越論。為了避免「境界型態」一說可能之流弊，本論文將強調生命之創進、超升及生命之基礎存有——道與宇宙的合一，這是莊子生命哲學最高的整合及最後的終結。莊子的思想一體多向，提供歷代注疏家廣闊的詮釋領域。在本論文中，不斤斤於考證，而以精神的融通及概念的釐清為主導，以涵蓋《莊子》全書，以見莊子如何運用其「謬悠之說，荒唐之言，無端崖之辭」（〈天下〉）傳達出莊重嚴肅的生命意義，並建立起浩大豐富的生命系統。

第二章　莊子生命哲學的奠基與型塑

道家哲學之理解生命，除了和儒家同以「生」為「天地之大德」之外，對生命之存在於天地中的存在意義，則有其有別於儒家的獨特體認，老子發現「身」的具體存在及「身」之攸關吾人生命存在之意義，便是一明顯的例證。莊子則以極廣大的天地作為生命孕育之所，其天地之意義比乾象父、坤象母的象徵意義，具有更豐富的存在的意義。可以說，莊子是在天地之中，發現生命的存在，進而以生命無窮之義涵，推擴天地之境界為道之境界。他發現生命不僅有其形下之分殊之內涵，更有其形上之統合之根據；他一方面以道為絕對之基設，一方面賦予道真實之意義，而道之真實性來自道之為吾人生命之本源。莊子認定道為形上實體，但又不執此實體義妨害道為萬物之創始之原理及生成之歷程。陰陽相生，說明了道在宇宙的真相；有無相生，則揭顯了道為形上之終極。由本一而返一，由本無而無其所無，回歸與超越同時進行，莊子以此透露生命之實存內涵，而以絕對之大有為生命存在之基礎。在此，吾人不能不先了解莊子與老子一脈相承之關係。

莊子大體繼承老子「道」的概念，關於道的無限性、自本自根的獨立性及作為宇宙創生本源的本體意義，老莊並無出入。老子的道：「玄之又玄，眾妙之門。」（《老子》第一章）「有物混成，先天地生，寂兮寥兮，獨立不改，周行而不殆，可以為天下母。」（《老子》第二十五章）莊子論道體：「夫道，有情有信，無為無形；可傳而不可受，可得而不可見，自本自根，未有天地，自古以固存；神鬼神帝，生天生地，在太極之先而不為高，在六極之下而不為深；先天地生而不為久，長於上古而不為老。」（〈大宗師〉）由此可見，兩人同體道體，同樣肯定道的無限性及超越的獨立性，也同樣肯定道為萬有之本源。

莊子即以老子的道為萬有與生命的形上基礎，並運用道來開發萬有與生命的內涵。至於天道的自然無為之意義，莊子也完全受老子的啟發。「人法地，地法天，天法道，道法自然」（《老子》第二十五章），「道常無為而無不為」（《老子》第三十七章），「無為為之之謂天」（《莊子．天地》），「無為而尊者，天道也」（《莊子．在宥》），天道為老莊共同的形上目標，其自然無為之精神從天道轉注於各種存在物及有生之物，各種存在物及有生之物所以能各保其存在之理與性命之理，而與恆常之天道同在並存，全因物物能體現自然，而在無為的道的狀態中，進行其各種生命活動。

有多位論者認為莊子已然超越老子[1]。就道論道，莊子並無超越老子之處。然而，對於道的無限存有之內涵及無限存有在有限之存在中全然而有次第的開展，莊子所經營出來的成績，確實十分可觀。除了依然以道的絕對的設定為基本前提外，如何以吾人理性面對道，如何以吾人之生活經驗體證道，如何在道的存有之價值層級中往上超升，對這種種課題，莊子已作了相當卓越的努力。如同海德格所謂「真理是存有的開顯」[2]，莊

1 王煜說：「莊子在深度與廣度兩方面均超踰老子。」見王煜《老莊思想論集》，聯經出版事業公司，民國六十八年初版，第一七頁。陳榮捷云：「雖然我們習慣把老子與莊子合稱『老莊』（這個稱呼從第五世紀才開始），然而，很明顯地，如同孟子與孔子，孟子不僅詳述孔子的教義，而且也展示一些新的思想，正如莊子超越了老子。」接著陳氏列舉莊子超越老子的重大發現：莊子驗實老子「柔」的價值，莊子較喜歡世俗的世界，較強調個體。莊子闡述自然，比老子更為清晰。老子注重本性，莊子則注重自我的變化及生活的真理。以上參見陳榮捷《中國哲學資料書》（*A Source Book in Chinese Philosophy*），普林斯頓大學，一九七三年四版，第一七七－一七八頁。

2 參見沈清松《現代哲學論衡》第九章：〈海德格的存有哲學〉，黎明文化事業公司，民國七十四年出版，第二三一－二五六頁。

子開顯了老子「道」的真理，並運用生命精神來處理存有之有限與無限、相對與絕對等辯證性問題，而在真理與真人之間，莊子發現了足以建立其生命形上學的篤實而緊密的關係。

多位論者斷言莊子之異於老子，主要在於莊子將老子的客觀的道轉為主觀而內在的心靈境界[3]。如此斷言不牴觸莊子哲學的基本原則，確實點明了莊子從老子的起點往前

3 陳鼓應：「老子的道，本體論與宇宙論的意味較重，而莊子則將它轉化而為心靈的境界。」見陳鼓應《莊子哲學探究》，作者自印，民國六十四年初版，第三三頁。王煜：「莊子是境界型態的極端徹底之自然主義──『自己如此主義』」，見王煜《老莊思想論集》，聯經出版事業公司，民國六十八年初版，第一一七頁。徐復觀：「莊子主要的思想，將老子的客觀的道，內在化而為人生之境界，於是把客觀的精神，也內在化而為心靈活動的性格。」見徐復觀《中國人性論史．先秦篇》，臺灣商務印書館，民國七十一年六版，第三八七頁。牟宗三：「老子之道有客觀性、實體性及實現性，至少有此姿態。而莊子則對此三性一起消化而泯之，純成為主觀之境界。」見牟宗三《才性與玄理》，臺灣學生書局，民國六十三年三版，第一七七頁。

所跨出的步向，但順此步向一任而前，由客而主，由外而內，終於落入純然的虛靈狀態，如〈天下〉對莊子所作的批判：「芒乎昧乎，未之盡者。」由道的客觀的無限性——「未之盡」的實存狀態，轉為心靈主觀的無限性——「未之盡」的虛靈心態，而以虛靈包納實存，化眾有為一體之大有，雖然顯示了莊子超本體論的意向，然「超本體論」之「超」乃是有無雙運，主客互融的生命超升，絕非一味向「主觀」、「內在」逼進，以至於喪失道的客觀性，以及吾人實現道的客觀性所應作必作的精密思惟。莊子之所以「芒乎昧乎」、「芒乎何之，忽乎何適」（〈天下〉），乃因道「芴漠無形，變化無常」（〈天下〉），且人與道之間有永不可解的關係，導致吾人「不知『道』」的情境，然莊子對於知與不知，有其調和之道，知與不知之間，吾人其實仍可作各種具客觀意義的論理辯說，只是論而不論，辯而無辯，其中須有後設語言的省思與批判。此外，由於莊子極力避免語言的分析功能所可能帶來的不良後果，乃將道寓於奇詭之言，並以卮言曼衍道的無窮性。此種因思想語言所引起的艱難處境本與吾人現實生命的有限性息息相關，莊子明乎此，且於此從事種種足以發生實質效果的努力，其真摯懇切的心意不難明白。因此，在一味強調主觀境界之際，吾人不可不隨時回顧那自本自根的道及其橫絕三界貫通裡外的絕對實存性。

或許，當我們了解了莊子在批判儒家之際依然保守儒家的生命精神，就不會執著由外向內及由下往上的單一路徑了。莊子對儒家持選擇性的批判態度，他所以請出孔門最精於道德修養的顏回來進行坐忘的工夫，便是對儒家的一種大肯定。至於〈外篇〉〈雜篇〉諸多攻擊儒家的過激論調，應是莊學後期變本加厲的現象，並不足以抹煞莊子援儒入道的輝煌業績。在〈人間世〉，莊子請仲尼直言：「天下有大戒二：其一，命也；其一，義也。子之愛親，命也，不可解於心；臣之事君，義也，無適而非君也，無所逃於天地之間，是之謂大戒。」如此正視人間世的倫理親情及政治體制，根本上和莊子的出世精神並不相違背。憨山大師注〈人間世〉，很明白的說：「獨〈人間世〉一篇，則極盡其忠孝之實，一字不可易者，誰言其人不達世故而恣肆其志耶？且借重孔子之言者，曷嘗侮聖人哉？」[4]又說：「此所謂世出世間之道，無不包羅，無不盡理。」[5]憨山大師以大乘佛理解莊，頗能發明莊子兼容儒、道的生命精神。莊子的道確是世出世間之道，出入無礙，因道遍在，因道已然涵蓋生命的各種向度，故當生命的各種向度一一展開之時，

4 憨山大師《莊子內篇憨山注》，臺灣琉璃經房，民國六十一年再版，第二五頁。
5 同上，第二五－二六頁。

生命精神實已浹化於天地之間，而人間世即在此天地中。

莊子站在其生命哲學的基本立場，反對儒家反生命之真實性之作法，這是很可以理解的。莊子的生命是「與造物者為人，而遊乎天地之一氣」（〈大宗師〉）的生命，他肯定的人不是「憒憒然為世俗之禮，以觀眾人之耳目」（〈大宗師〉）的世俗中人，而是「畸於人而侔於天」（〈大宗師〉）的「畸人」。莊子衡量人生的價值意義，壹以天道為準。因此他借仲尼之口道出：「天之小人，人之君子；人之君子，天之小人也。」（〈大宗師〉）儒家之君子以其生命的最高標準——天道——衡之，不過是尚未成就生命之德的小人而已。莊子意圖把孔子改造成道家體天行道的代表人物，亦可見其融合儒、道的心意甚殷切。

在〈大宗師〉，莊子藉子桑戶之死、孟孫才善處喪及意而子和許由的對話，對儒家繁瑣化形式化外在化的禮進行批判，進而肯定吾人生命的大宗師不是不通生命造化的禮，乃是大通的道，道大通一切之生命，故成為生命最高之規範，而以是非仁義為內容的道德形式則漸遠離生命，甚至有害生命。莊子特別以生死問題的解決來質疑儒家形式化的道德，他認為：唯了解生命的真諦，才能坦然面對死亡，唯了解生死之間的實然關係，才能在生者的立場上善處喪，而化解實然與應然之間的衝突。道是生命實然與應然的契合點，實然與應然的生命內涵皆是道的真實內涵。莊子建立超越的生命規範，不著意於規範的後得性及結構性的理由，而致力於揭明規範所以成立的先在性理由。對莊子而言，一切道德規範皆是生命規範，而生命規範唯以保生全生求圓滿生命為旨歸。

莊子又在〈天道〉裡批判儒家的仁義，他請老子對孔子說：「又何偈偈乎揭仁義，若擊鼓而求亡子焉？意，夫子亂人之性也。」〈天運〉中，老聃說孔子的六經是「先王之陳跡，豈其所以跡哉」。可見莊子反仁義之亂人之性，是基於仁義亂人之性來反仁義，人性源自道，故仁義終歸於道，道的形上意義足以收攝仁義之全部意義。莊子以統合的道統合有等級性的仁義道德，可謂「以道觀仁義」，生命一旦回歸道，就不必「偈偈乎揭仁義」了，莊子因此發現仁義概念可能之流弊。至於能知道行道的先王並非莊子反儒的對象，莊子反的是先王之跡，他企圖經由對先王之跡的否定，以肯定先王所以跡之道，先王所以跡之道就是道。至此，我們應能同意黃元炳之讚莊子：「其書老氏骨而孔氏髓。」[6]「骨」指的是由本體論所展現的形上風格，「髓」則指本體大用所建立的生命倫理學，由出世而入世，由形上而形下，由個人而群體，莊子即以此生命精神鋪展其哲學脈絡，以造就其哲學生命，其生命哲學即以此哲學生命為磐石。此外，由於受到名家的刺激，莊

6 見黃元炳《莊子新疏》之〈莊子傳〉，引自王煜《老莊思想論集》，第四五三頁。

子的思想體系乃有了超乎一般哲學理論的傾向。〈齊物論〉云：「天地一指也，萬物一馬也。」莊子運用名家之辭，然在哲學意理上超越名家。老子強調人身之患，莊子則更重視思想之病、言語之弊及情欲之害，而情欲之害主要是因前二者而起，這種看法似乎是受了名家的影響，因此〈齊物論〉之作，顯然多少是為了回應名家語理邏輯之挑戰。

莊子運用寓言、卮言及重言，分明是為了逃脫語言之限制，以宣說道的奧妙，以達成語言的真正目的：「和以天倪，因以曼衍，所以窮年。不言則齊，齊與言不齊，言與齊不齊也，故曰無言。」（〈寓言〉）由言至於無言，終於達成語言之全部功能，實現了語言的全部意義。如此，吾人生命便在默然的意義大海中與生命之道（自然之道）相契合。語言可以是融合生命的活潑的媒介，它可以配合生命之流程及動向而作各種有意義的發用。莊子批評好友惠施：「彼非所明而明之，故以堅白之昧終」（〈齊物論〉）、「由天地之道觀惠施之能，其猶一蚉一虻之勞者也」（〈天下〉），乃是以生命哲學之立場，反對自陷於語用語意語法之中而徒然浪費生命，而延緩了生命超升的步調。

莊子勇於回應環境之挑戰，而其回應之方式是以生命哲學為藍本的。他以自然反人為，以平和反紊亂，以單純反雜多，以守住生命之本源。莊子所處的環境有二：一為自然環境，一為人文環境。對前者，他不與之對立，而以藝術化的心境處之。對後者，他予以澈底批判，以保住人的真純的生命。對兩者，他都以看似柔弱其實堅強，看似消極其實積極，看似委順其實有其抗議精神的生命型態加以調適並轉化。他安貧樂道，因貧不僅不害生命，且有助於吾人樂生命之道。他輕功名富貴，因功名富貴乃生命之桎梏。他時或笑世俗之人，因世俗之人不知生命真相且時有反生命之作為。至於莊子之面對當時之政治，則以超政治的作風，試圖消解政治在人心中所引起的「意念的災害」，使政治不害吾人之生命，使政治倫理得以在大道之行中逐步轉為生命之倫理。

馮友蘭認為莊子受「楚人精神」的影響[7]，此一看法有其文化學上的意義，但就莊子生命哲學看來，仍屬片面之見。莊子不受制於時空環境，〈秋水〉云：「無南無北，奭然四解，淪於不測，無東無西，始於玄冥，反於大通。」東西南北乃是人為的空間概念，與道無涉，道是超越任何方所處位的。莊子與楚地的關係是一時性的，和莊學超脫解放的精神無法相提並論。也有人認為莊子崇尚自然，受自然之支配，是由於環境激成所致[8]。這對莊子已形同誤解。崇尚自然不必然受自然之支配，反而能以得自自然之種種

7 參見馮友蘭《中國哲學史》（上），第二七七－二七八頁。

8 參見胡哲敷《老莊哲學》，臺灣中華書局，民國五十九年臺四版，第四一頁。

啟示來促進生命本身。惡劣的物質環境不必然使人放浪而蕭散，莊子善轉物質環境為適合生命發展的情境，而生命的情境具有十足的客觀意義，因莊子的生命是活潑的，是積極的，是有抗議精神的。莊子的抗議精神發乎理性，看似溫和，其實十分嚴厲。總之，莊子超越時代環境，而造就出兩千多年來中國人生命的一種典型。

第三章　莊子生命的主要內涵

在未探入莊子生命哲學的形上路徑之前，我們可以從三方面，對莊子的生命先作了解：

一、莊子的生命型態

生命本無一定之型態，然各生命體皆有其整合生命之道。而個人之為一獨立之生命體，更有其獨特之整合之道，以展現獨特之生命型態。莊子之生命不僅表現實際的生命型態，更表現出理想的生命型態，這對莊子的思想特質有決定性的影響。「生命型態」雖無謹密的哲學意義，但對它的了解，可提供我們對生命的還原性的思考。在莊子富有自創自新精神的生命中，其生命型態的理想性十分濃烈，正可幫助我們探究其生命哲學的形上層次。首先，我們可以肯定莊子是熱愛生命的。大愛愛生命，莊子即懷抱此一大愛，對生命作了透澈的省思，並致力於生命的澈底的解放。透過莊子的思想與其生命的密切的關係，我們可以如此斷言：莊子哲學為其生命之註腳，亦其道德之階梯。莊子不僅用哲學來講生命，更用生命來講哲學[1]；他的哲學是生命的哲學，而他的生命則已經過哲學的思考，不斷深化其生命體驗，不斷向更高的生命境界超升。故莊子的生命型態具有存有之內涵，而不能只視之為一種情調或風格。經由對生命型態的反思，莊子乃能立定於生命之主體性之上，而不斷實現生命之客體意義，發揮生命之真實潛能。

莊子十分重視個體生命，這也是他與老子不同的一大特色。〈庚桑楚〉云：「至禮有不人」，郭象注：「不人者，視人若己，視人若己則不相辭謝，斯乃禮之至也。」[2]莊子重視每一個生命個體，並就每一個生命個體之為一個體而平等待之。生命在每一個個體中所投注的內容及所展現的姿態雖有所不同，但並不妨害生命之互通與統合。以此廣大的生命觀來看個人，莊子乃平等看待每一個個人，如此「視人若己」，似在發揮《易・乾

1 羅光在《生命哲學》第一版序云：「我的這部書，名為『生命哲學』，不是以哲學講生命，而是以生命講哲學，這乃是儒家哲學的傳統。」筆者認為道家哲學亦有此一傳統，而莊子之現身說法，其生命哲學的獨特風格更勝於老子。

2 見郭慶藩輯《莊子集釋》，河洛圖書出版社，民國六十三年臺景印一版，第八〇九頁。

卦．文言》：「亨者，嘉之會也」、「嘉會足以合禮」的禮的精神。此生命之大禮是為了使每一個個體平等享受其生存之權利，並保其活命的天機。〈大宗師〉：「其耆欲深者，其天機淺。」莊子對個體生命之照料，可謂無微不至；生命之微妙便在生命內藏之天機——這是道在人身的具體象徵，它不僅是生命體內在而主觀的原則，同時是客觀性的自然之法則，故天機是生命之主體性與客體性所以能融合的根本所在。

如何在現實世界中安頓個體的生命，確是一大問題。莊子透過安命順命及天人合一的理想來解決這個問題[3]。莊子一直高懸生命至高之理想，在此一理想光照下，生命之情趣乃得以不斷煥發。莊子追求「新」的精神是其生命哲學的一大特色[4]。「新」是生命

3 楊慧傑：「莊子最關心的問題是：如何在現實世界中安頓個體的生命？針對這個問題，他提出兩個解決的方式：一個是『知其不可奈何而安之若命』；另一個是經由修養工夫使個體的精神向超越方面發展。在後一要求下，使莊子的天人合一理想，發展出前所未有的新姿。」見楊慧傑《天人關係論》，大林出版社，民國七十年出版，第一二二頁。

4 吳光明認為對莊子的了解，必致於全人生的革新，莊子的哲學是人生革命之學。以上參見吳光明《莊子》，東大圖書公司，民國七十七年初版，第七三－七四頁。吳光明又認為「莊子的情趣」有三方面：一、宇宙自創及個人自創，二、新的境地，三、新是心身的飛騰上升。以上參見吳光明

之自新，生命之自新來自生命永無止息的動力，此一動力是道的理想對現實之人的拉拔與人性內在的向上驅力，彼此相應所致。在此，莊子大舉肯定世界的實存、生命的真實及心靈的超越特質。〈天地〉云：

知其不可得也而強之，又一惑也，故莫若釋之而不推，不推，誰其比憂！厲之人夜半生其子，遽取火而視之，汲汲然唯恐其似己也。

這顯示十分積極的生命精神。莊子不勉強行道，乃是為了使道對人的生命發揮真正的強化超化之效力。不推求道而心中有憂，此等來自生命深處的憂患意識已然深入現實生命的苦楚中。醜人生子惟恐似己，如此的自知之明，確是生命自新的具體表現。

莊子的生命風格成為中國藝術精神的泉源。徐復觀曾對此作了十分詳富的分析，他大體肯定：莊子的人生是藝術的人生，莊子學道的工夫是藝術的工夫，庖丁解牛，技進於道，道是藝術創作最高的原則，而天地是藝術的寶庫，故云：「天地有大美而不言。」

《莊子》，第一五六頁。

〈知北遊〉）逍遙之遊是精神的自由解放；精神自由，吾人乃能肯定藝術的價值。至於心齋之心則是藝術之精神主體，莊周夢蝶及知魚之樂，即是美的觀照工夫。莊子高超的想像力及其所開拓的人、我、物之間的共感，則提供藝術家無窮的靈感。總結地說，莊子的美是純素的樸實的，莊子乃為人生而藝術[5]。

美是存有的一種價值，它亦充滿生命的意義。莊子的美是生命之美，由生命純素樸實的本質所現。此一生命之美直接道體，乃道體在生命中之流行大用，道的即體顯用保證萬物之間及人物之間的秩序與和諧，美便在其中，藝術之創作自能如自然大化般進行無礙。說莊子的生命型態是美的生命型態，應是十分貼切妥當的。

〈天下〉對莊子的生命型態作了最完整的描繪：

> 芴漠無形，變化無常，死與生與，天地並與，神明往與，芒乎何之，忽乎何適，萬物畢羅，莫足以歸，古之道術有在於是者。莊周聞其風而說之，以謬悠之說，荒唐之言，無端崖之辭。時恣縱而不儻，不以觭見之也。以天下為沈濁，不可與

5 見徐復觀《中國藝術精神》，臺灣學生書局，民國六十三年四版，第四五－一四三頁。

莊語，以卮言為曼衍，以重言為真，以寓言為廣。獨與天地精神往來而不敖倪於萬物，不譴是非，以與世俗處。其書雖瑰瑋而連犿無傷也。其辭雖參差而諔詭可觀。彼其充實不可以已，上與造物者遊，而下與外死生無終始者為友。其於本也宏大而辟，深閎而肆，其於宗也，可謂稠適而上遂矣。雖然，其應於化而解於物也，其理不竭，其來不蛻，芒乎昧乎，未之盡者。

整段文字對莊子褒多於貶，幾乎全面展現莊子其人之生命風格。在此我們且略作分析，以見莊子生命之特質：

1. 莊子的生命與天地相應相合，而當生命與天地神明交契之際，生死於是不再對立。

2. 莊子的語言風格與其生命風格相呼應。生命變化，語言乃隨之而變，語言之變化是為了表現生命變化的真實性。

3. 莊子的生命「獨與天地精神往來」，這就是逍遙之遊。

4. 莊子「不譴是非，以與世俗處」。這一方面是認知的齊物之論，另一方面則是善處人間世的修養論。兩方面交互運用，相互配合，便可達到老子「和其光，同其塵」（《老子》第五十六章）的境界。

5. 莊子的生命「宏大而辟，深閎而肆」，這是由於其生命的道論與生命的宇宙論之全面而巧妙的綜合所致。他稱讚老子是「博大真人」（〈天下〉），博大而真，亦是莊子之生命理想。

6. 莊子上達玄道，「上與造物者遊，而下與外死生無終始者為友」。至此，莊子實現了生命的一體性及統合性，因統合而成一體，因一體而能不斷進行生命的統合。

二、莊子的存在感受

「存在感受」一詞雖非十分嚴格的哲學名詞，但就中國哲學而言，生命存在乃一大事實，而吾人對此一大事實，自有真實之感受。以心應物，自有所感，而生命自身即充滿諸多感應的可能。中國哲學的思想流程即在生命多向的感應之道中。在此，我們可以如此定義「存在感受」：「一種與自己之生命及其他相關連之存在相應的心的狀態，思想的觀點、態度與此心的狀態有根本的連繫。」道家之不同於儒家，有一個基本的分界：彼此之存在感受有所差異。以儒、道之共同性格而論，我們可在《易經》找到兩家面對存在世界的基本態度：「作易者，其有憂患乎！」（《易．繫辭．下傳》第七章）生命及生命所存在的世界無時不動，因動而生吉凶悔吝，「吉凶悔吝者，生乎動者也」（《易．繫辭．下傳》第一章）。有了吉凶悔吝，生命的問題乃層出不窮，吾人便不得不付以深度的關懷，「吉凶者，失得之象也；悔吝者，憂虞之象也」（《易．繫辭．上傳》第二章）。因此，吾人對於變動不居的生命，不可不「知懼」，不可不「明於憂患」，這就是中國哲學心靈的原型——憂患意識，乃是兼容感性與理性的存在感受。憂患意識促使中國哲人不能不以人的生命力量，特別是人心的自覺力量去解決已然存在或可能存在的種種生命問題。生命本質不是靜定的，因此源自生命的憂患意識不是可以定於一端的；而憂患意識卻也不是不健康的，它是人心內在一股企欲向上向外以解脫生命困境的精神力量。人人有病，最根本的病是生命的不自覺，及對此「不自覺」的意識無所覺，老子明言：「不知知，病。」（《老子》第七十一章）這便是憂患意識的極度匱乏。病是生命之缺陷與限度所釀致，而只要人自覺有病，並亟欲治好病，如老子的高度自覺：「夫唯病病，是以不病；聖人不病，以其病病，是以不病。」（《老子》第七十一章）在這種以智慧超克意識型態的努力中，人便可以是健康的。

在此，我們可以拿祁克果的憂懼來相比較。祁克果的憂懼主要源自西方一神論的基本設定：原罪。祁克果說：「憂懼是對於罪愆的憂懼，罪愆是一股在四處廣佈的力。」[6]

憂懼另有一個源頭：「在每個人的內心深處，都存在著一股憂懼：怕在世上孤寂，怕被神遺忘，怕在上百萬的人群中被忽視。」[7]中國哲人並沒有如此強烈的對原罪的感受，也沒有如此強烈的孤寂之感。中國哲人似乎很早就跨入時間之流，時間帶來憂患，時間所主導的變化引生憂患及各種憂患的可能性。面對高天厚地，中國人油然興起遼闊蒼茫之感，所謂「念天地之悠悠」（陳子昂語）的愴然悲懷，於是企欲「為天地立心，為生民立命」（張載語），以盛德大業充實自我的生命，擴大自我的生命，終與天地的大生命混然同流，如程子注《易．繫辭傳》云：「天地無心而成化，聖人有心而無為。」這是儒、道共同的理想，朝此理想努力，便可逐步除去憂患，終於「樂天知命故不憂」（《易．繫辭．上傳》第四章），這是儒、道共同的目標。如此，吾人生命便可在天地中找到一精神的定點，吾人之生命乃能不動而動，變而不變，一方面無心以成德，一方面有心以造業，然後以德化業，天地群倫於是成為一大生命體。

6 見祁克果《憂懼》第二章，此段譯文引自陳俊輝編譯《祁克果語錄》，業強出版社，民國七十六年初版，第二一八頁。

7 見祁克果《日記》一八四七年，此段譯文引自陳俊輝編譯《祁克果語錄》，第二一五頁。

儒家的存在感受便是懷抱此一憂患意識，在人性本善的恆定基礎上，以大易剛健不息，生生不已的生命力量奮勉自勵，下學上達，盡心明性，而終於知天事天，達到「萬物皆備於我」（《孟子・盡心章句上》）的最高境界。儒家透過深刻的存在感受，終發現倫理價值足以解生命之憂，除生命之患，於是設法轉此世界為道德世界，轉自然人為道德人。他們最關心的課題有三：一、人格能否完滿，二、人性能否成全，三、人倫能否條理暢達。

道家的存在感受依然由憂患意識發端，但方向與儒家有所不同。老子認為人生禍患的根源在吾人此身之存在，故其憂患意識十分迫切：「所以有大患者，為吾有身，及吾無身，吾有何患？」（《老子》第十三章）生命的憂患在於生命有此存在之物——與形器世界具同樣結構的血肉之軀。澈底解除憂患之道在回到生命的原始性與單純性，所謂「見素抱樸，少私寡欲」（《老子》第十九章），於是老子否定世間一切可能妨害生命純真本性的事物，特別是種種人為之造作，老子因而提出三項否定：絕聖棄智，絕仁棄義，絕巧棄利[8]。由知識的否定到道德的否定再到技巧利益的否定，這是淨化生命超化生命的逆

---

8 《老子》第十九章：「絕聖棄智，民利百倍；絕仁棄義，民復孝慈；絕巧棄利，盜賊無有。此三者

溯、後退、回返之路，終由否定再否定而不斷推陳出新。然新生命之個體並不突出其個體性及其與別的個體之間的差異性，因生命精神在生命世界的現實性中，已經由對生命的新的肯定而化除一切可能引起生命問題的有限性。個體性與差異性是與生命的有限性相即相涉的，因此老子講究「和光同塵」、「光而不燿」（《老子》第五十八章），在生命之光中，已無任何心性之闇暗，生命之憂患即可盡除。

莊子的生命感受大體依循老子，強調人為造作之有害生命。在種種人為造作中，莊子比老子更重視意念的造作，而認為意念的造作所造成的意念的災難，乃生命最大的憂患。「其寐也魂交，其覺也形開，與接為構，日以心鬭。縵者，窖者，密者，小恐惴惴，大恐縵縵，其發若機栝，其司是非之謂也」（〈齊物論〉），種種心理現象造成思想現象，是是非非的認知問題原來出自人心的自我執著與陷溺，所謂「成心」及其所引發的情感欲望，實是生命之大敵。莊子即以此深刻的存在之悲感，向上提起，欲以和諧圓滿的天道來化除種種存在物之對立與衝突；並向內深入，欲以無限豐盈的心靈把握生命之主體，不使有限之生命為有限性所困，不使變化之生命為變化所迷。莊子所以能知命安命，而

以為文，不足，故令有所屬，見素抱樸，少私寡欲。」

「達命之情」（〈達生〉），以高超的理性克服生命的大限定，因其存在感受已由存在之表象透入存在之本體，深入存在的變化性，而掌握了生命不變之精神，故能變而不變，不變而變。變與不變之間，莊子貫以充沛的生命力，其生命之自由在此可見端倪。

在〈秋水〉中，有四則故事直稱莊子，稱讚莊子卓越的人生智慧及曠達的人生態度。一方面，莊子鄙夷世俗之名利，寧效龜之曳尾於塗中以獲生命之真自由；另一方面，則欲學古之至人，「始於玄冥，反於大通」。而最動人的生命表現則在「我知之濠上也」的物我互通，同享自然生趣。成玄英疏云：「達其理者體其情。」[9]由知性的超越至於情性的超越，進而將生命互殊之內容完全融為一體。莊子不作冷酷之分析，不作繁瑣的推論，而直接以最純真的生命機趣彌漫天地，所謂「情」、「理」，皆是生命之情、生命之理，情理之間所存在的種種問題，可經由生命之會通予以解決。儒家求人心之同情共感，然大多以倫理為範疇，莊子則一舉跳開人為規範，一逕發明生命之大理，發揚生命之大能。焦竑云：「《莊子》一書以明道也。」[10]明道即明生命之道，而莊子所以明道心切，乃因

9 見郭慶藩輯《莊子集釋》，河洛圖書出版社，民國六十三年臺景印一版，第六〇八頁。

10 見焦竑《莊子翼》，廣文書局，民國五十二年初版，第五頁。

其存在感受極其深切故。懷德海(A.N. Whitehead)認為「理性的職能是在促進生命的藝術」[11]，莊子的理性與其存在感受同步並進，其最終之目的在生命之發揚與超升，這也就是生命的藝術。

三、莊子的心靈世界

「心」是莊子哲學的中心概念，生命理想的實現必經心的認知、體驗與實踐。心積聚了生命諸多可能性，發揚人性須由人心的覺醒始，生命境界的提升須以心為動能。唐君毅認為莊子由復心以言性[12]，欲「反其性情而復其初」(〈繕性〉)，須先復心救心，以發揮心的生機大能，而絕不可「文滅質，博溺心」(〈繕性〉)，使心陷溺，毀了生命樸實的本質。《莊子》書中言心之處甚多，從負面言心，有「成心」、「機心」、「賊心」、「厲

11 見 A. N. Whitehead, *Function of Reason*, Princeton University Press, 1929, p. 4. 譯文引自謝幼偉《懷黑德的哲學》，先知出版社，民國六十三年初版，第一五二頁。

12 參見唐君毅《中國哲學原論・原性篇》，新亞研究所印行，民國五十七年，第三三－四七頁。

心」，從正面言心，有「心齋」、「刳心」、「洒心」、「解心」、「齋戒疏瀹而心」等，可見「心」在莊子哲學中的重要性，而治心不易，心可能遭遇的危機甚多，人或以知識塑之，或以技巧形之，或以情欲陷之，或以流俗困之傷之。吾人須以定靜的情境護心養心，心容易被堵塞，故須疏通之；心容易被染污，故須清洗之；心容易被圍困，故須解脫之。難怪論者或強調莊子的虛靈境界[13]，或強調莊子的「開放心靈」[14]，甚至認為莊子「把現實世界夢境化」[15]。

莊子的生命內涵幾等於其心靈內涵，而其心靈內涵幾包含其生命哲學之所有成素，包括對道的默觀，對思想語言的批判及種種之道德修養。因此，在把莊子的心靈「虛靈化」之前，不能不先肯定：莊子的心不離道，不離道所化生所實現的一切。心靈的主觀性並不取消心靈的客觀性，心靈的虛是將心靈的實質內涵由一般之經驗活動往上提升，

13 參見王煜《老莊思想論集》，第一一六－一一七頁。
14 參見陳鼓應《莊子哲學探究》，第八一－八九頁。
15 參見李康洙〈莊子的哲學精神〉一文，刊於《哲學論文集》第四輯，中國哲學會編，臺灣商務印書館發行，民國六十二年初版，第九九頁。

以入於統合經驗活動的精神主宰，莊子的「真君」即其精神主宰，此須經由心的虛與實的不斷統合加以把握。

懷德海的形上學為一種「默觀哲學」(Speculative Philosophy)[16]，莊子的生命形上學似也可以此名之。默觀是以全心觀照，是全生命的投入，是本體理性全體的運作。〈秋水〉：「以道觀之，物無貴賤。」如何能「以道觀之」？是非有心靈的淬礪與精神的鍛鍊不可。如何使心靈由雜多向純一，由殊別向統合，由紛擾向寧定，這都是莊子所必須面對的生命課題。莊子的心靈原是如此活潑而充滿弔詭的動態歷程，心靈因弔詭而活潑，因不斷進行逆溯、回歸、復合之辯證而向上推進。它包含所有的心理經驗及對此經驗的不斷超越，以直接與道合，再以與道結合的心面對宇宙人生，以體現生命的價值與意義。莊子的心靈世界即其生命世界，當其轉生命世界為心靈世界之際，生命立即貫注於心靈之中，而獲致更純粹的真實性及更普遍的客觀性。也唯有透過生命，吾人才可能確認心靈的向度，並進而開拓其深度與廣度。

16 參見沈清松《現代哲學論衡》，第一〇三頁。

第四章　莊子生命哲學的形上進路

對莊子的生命及其哲學作了鳥瞰式的描述之後，我們便可接著依循莊子之思想脈絡，試著探索莊子進入其形上世界的種種路徑。在此，我們可以將莊子「一心開多門」的哲學發展，歸納為四門，這四門其實包括了無數的思想路徑，而所有的路徑皆輻輳向「道」——莊子生命的核心，道的意義即莊子生命的核心意義。

一、直指人世的批判進路

莊子對人世的批判，原基於生命的根本立場，而對生命的認識，主導了批判人文世界的基本方向。〈天下〉云：「道術將為天下裂。」對莊子而言，這句話幾等於「生命將為世俗所傷害」。因此他教人要效法魚「相忘乎江湖」般「相忘乎道術」（〈大宗師〉），在道術中保全人的生命，道術乃是保全生命之術。莊子肯定生命的崇高與神聖，而生命的崇高與神聖在於生命本質的純潔與真實，而不在世人為生命所建構的外在規模，以及生命所外顯的氣象。他一再警告世人不可違離天性，不可「以故滅命」（〈秋水〉）。「故」指一切人為之事故，可說是「世故」。為了澈底拔除人為世故深種於人心之根株，莊子在自然化生與自然限定之間，發現足以斡旋並扭轉生命歧向的精神力量，以發揮創生之力，以實現化生之理，進以安命轉命。在此，我們須認定：命之定乃相對之定，可經由生命層次之超升而予以化除。莊子努力化除生命之人為限制，即是對人世最澈底的批判。

方東美強調莊子的精神轉變：「莊子所謂的精神轉變，不是一個人轉變，而是整個世界的轉變，是整個世界裡面共同生活的人做共同的精神轉變。」[1]生命精神歸屬於全體生命，故精神轉變是全體生命之轉變，在此一轉變的過程中，個體生命逐漸與共同生命體作緊密的結合，而擺脫了個體諸多不利生命的限制與缺陷。莊子批判現實世界的行動和此一精神轉變行動相輔相成，他批判個人，也批判個人所集結成的社會與政治，這在〈人間世〉有具體的例證：「凡事若小若大，寡不道以懽成。事若不成，則必有人道之患；事若成，則必有陰陽之患。若成若不成而後無患者，唯有德者能之。」轉變精神的力量在「德」，精神既轉，人事亦轉，而人事之轉在轉得失利害，使之不害人心人性，至

1 見方東美《原始儒家道家哲學》，黎明文化事業公司，民國七十二年初版，第二五九頁。

於人事之客觀而可計量之業績，和生命之整體性與根本性並無多大關聯。因此，對人世的批判是為了使吾人精神得以覺醒而轉向精神的世界，在此，知識與德行的力量須同時發揮，以使生命全部投入形上之思考，義無反顧地堅持「道」的體驗與踐履。此外，〈天下〉評論各家之優缺得失，更表現出莊子批判精神的公正與公平，他以開放的心胸助成思想之自由及生命之自由，這是理性的大照明，莊子邁向形上世界之路乃得以全面展開。

莊子對人世的批判，做得最澈底的是對吾人「自我」之批判，包括對吾人自我之意識、知見、情欲及自我與此世的諸多纏縛的批判，這在〈齊物論〉有淋漓盡致的揮灑。物及物論是人世的主要內容，齊物以至於齊物論，即是經由客觀批判以展現形上思考，終於使生命與道冥合。莊子思想的真自由在此全般展露，而生命亦經由此思想之自由，終獲致實質的解放，其間同時滿佈平等精神，以作自由之保障，而平等精神在批判行動展開之際即不斷為回返生命自身的自知之明所體現。

二、直指人性的自覺進路

在進行人性自覺之努力之前，須先肯定人性的實存：「形體保神，各有儀則，謂之性。性修反德，德至同於初。」（〈天地〉）莊子兼顧生命的形（形體）與神（精神），認為完整之生命有其基本的存在原則——性，「性」除了有其律則之外，也有其實存之本質：「性者，生之質也。」（〈庚桑楚〉）性即生命之本質，凡物不可失其性，生命之完整性來自性的完整性，而性之完整即「自然」：「其天守全。」（〈達生〉）莊子此一自然的人性觀原和老子無殊，然他似更洞澈人性可能的危機：「馳其形性，潛之萬物，終身不反，悲夫。」（〈徐无鬼〉）又云：「今人之治其形，理其心，多有似封人之所謂，遁其天，離其性，滅其情，亡其神，以眾為。」（〈則陽〉）這和內篇〈養生主〉云：「遁天倍情，忘其所受，古者謂之遁天之刑。」〈德充符〉云：「道與之貌，天與之形，無以好惡內傷其身。今子外乎子之神，勞乎子之精，倚樹而吟，據槁梧而瞑。天選子之形，子以堅白鳴。」皆在指明自然之性情為吾人生命之根本，絕不可讓它受任何之傷害，而性情之自然即吾人精神生命之所本，這是生命能以道（天）自全，並以不變應萬變的根本。羅光云：「人性就是生命的常然。」[2]生命不變的根本就是性，性來自天，所謂「形體保神，各有儀則，謂之性。」（〈天地〉）性是生命之儀則，生命中有形與無形的因素，皆可

2見羅光《中國哲學思想史．先秦篇》，臺灣學生書局，民國七十一年增訂重版，第五三六頁。

歸本於性，故性能使生命體與自然之精神相通，而於形上境界中合而為一。因此我們可以斷言：莊子直指人性的形上進路乃通貫莊子生命的大道，是性是精是神，使生命之裡外如一，上下會通，先天與後天無所間隔，如此生與命終由人性之意義所契合，生命的可能性與其限定性之間乃通達無礙：「達生之情者，不務生之所無以為；達命之情者，不務知之所無可奈何。」（〈達生〉）自然無為，以達生達命；生與命皆達於道，達於一，生命便臻於自覺自全的形上境界。

至於精神作用則是一種靜明虛靈的作用：「水靜猶明，而況精神。」（〈天道〉）「正則靜，靜則明，明則虛，虛則無為而無不為也。」（〈庚桑楚〉）精神正，精神之作用便能發揮天性自然之無限內涵，故能無為而無不為。而精神靜明虛靈的作用經由心的純粹的功能表現出來。「工倕旋而蓋規矩，指與物化而不以心稽，故其靈臺一而不桎。」（〈達生〉）「備物以將形，藏不虞以生心，敬中以達彼，若是而萬惡至者，皆天也，而非人也，不足以滑成，不可內於靈臺。靈臺者有持，而不知其所持，而不可持者也。」（〈庚桑楚〉）郭象注：「靈臺者，心也，清暢，故憂患不能入。」[3]心是精神生命保持其活動力

3見郭慶藩輯《莊子集釋》，河洛圖書出版社，民國六十三年臺景印一版，第七九四頁。

的關鍵，但它同時具備被束縛被桎梏的諸多可能。心是會死的，「哀莫大於心死，而人死亦次之。」（〈田子方〉）「近死之心，莫使復陽也。」（〈齊物論〉）心死是生命之死的先兆。為使心永遠活下去，則須長保其虛靜神明的本性，不以人為的力量傷害它，不以思慮干擾它，甚至不可固執操持它，而要任其自然之生機自由發展，以與萬物合，進而與道合。只有在如此滿全的心神狀態中，人性的自覺才可能持續進行。人性的自覺是生命回到自身的努力，然因心性有背離生命本原的傾向，如何返本復初，乃成為莊子道德形上學的主要目的，「德者，成和之修也。德不形者，物不能離也。」（〈德充符〉）道德修養是完滿純和的心性修養，道德始終以心性為範疇，故能不形，而道德力量亦即生命力量，故能不離物，是生命力使萬物和合成一體。如此生命之向內即向外，向上即向下，上下自由，出入自在，內外如一，此一生命辯證歷程與人性之形上進路於是不謀而合。

三、直指道德的實踐進路

人性自覺須經由道德實踐之路，心性活動亦即實踐道德的活動。莊子的道德不僅具有實踐性，但唯通過實踐，道德才可能獲致真實的意義。莊子的生命是在道德實踐中的生命，他批判儒家的道德規範，即是為了成全道德真正的目的，實現道德真正的價值。他反機械，其實不是反機械本身，而是反機械所引起之機心[4]。機心取巧，是頗不利於養生命之真，全生命之性的。關於莊子的道德進路，吾人應至少有如下之認識：

1. 以人性之自覺為起點，一路指向圓滿生命之道。

2. 結合道德之為道德的本質意義及實現生命價值的活動意義，莊子乃透過生命之動與靜，為道德的實踐準備了一條通曲成直的進路，其生命之形上屬性與道德的實踐有十分密切的關係。

3. 最高的道德是無為而無不為的自然。〈應帝王〉云：「無為名尸，無為謀府，無為事任，無為知主。體盡無窮，而遊無朕；盡其所受乎天，而無見得，亦虛而已。」所謂「體盡無窮」便是將一般之道德體驗轉為純粹的「道的經驗」，故能無見無得，而達於無所不見無所不得的虛靈境界。

然而，此一道德的形上進路看似有步驟可循，但一進入人生意義的源流之中，吾人

4 吳光明：「有害的不是機械乃是機心，不是數算乃是把取巧之心當作人心之核心。」見吳光明《莊子》，東大圖書公司，民國七十七年初版，第一〇一頁。

種種有意志的行為就將失去其一般性之效力，所謂「遊心於淡，合氣於漠，順物自然。」（〈應帝王〉）在自然而淡漠的道的世界之前，我們不能不回顧此身此世，先設法了解自己的生命：

1. 生命有質料之因素，莊子謂生命之質料為「材」，它雖能為生命增添光采，增加一般之生活經驗，卻也同時製造了許多困難，甚至肇致生命之危機，故莊子乃有「物物而不物於物」（〈山木〉）的解放精神。

2. 生命中有非理性的因素，對此一可能妨礙生命的內在力量，吾人不可不察，而欲超出生命中非理性的藩籬，並非單憑某一種道德規矩或生活法則所能辦到。

3. 生命的發展過程往往流於平淡，終至於令人喪失生趣，而感疲憊乏味。

莊子對這些潛在且現在的問題，自有其解決之道。面對第一個問題，莊子的辦法是：「周將處夫材與不材之間。材與不材之間，似之而非也，故未免乎累。若夫乘道德而浮游則不然。無譽無訾，一龍一蛇，與時俱化，而無肯專為；一上一下，以和為量，浮游乎萬物之祖；物物而不物於物，則胡可得而累邪！」（〈山木〉）莊子俱化一切存在物的相對性，不執兩端，不倚材質而傲，亦不恃「不材」而蕩，如此乃能與萬物之祖——道冥合，而進向「道德之鄉」（〈山木〉），所謂「道德之鄉」就是精神逍遙之鄉，至此，一切道德的實踐活動將實現道德的全部意義。

面對第二個問題，莊子的辦法是齊物的認知論，透過「以明」、「兩行」等認知心態，發揮理性之光，而當理性之光照明之際，非理性的因素將自然消失。此一與生命之發展息息相關的認知將在本論文第八章作系統的論述。

面對第三個問題，莊子是以逍遙遊的精神，將生命之歷程從物質的平面向上旋進，不使其平面化、一元化、單向化。只要生活中不斷有活潑的精神因子在，生活的路向能不斷有新的境地突現吾人眼前，則生活的情趣將如原泉滾滾，永不止息。中國文人的生活情趣，大體不離此一範疇。莊子是不斷以理性的力量維繫生命於不墜，且更以滋養生命美善的生活情趣保護生命，同時發揮道德活動的自主性，使吾人在實踐生命法則之際，不斷獲致生命的自由，如此，道德規範的負面作用將降至最低，而吾人便可在生命和諧圓融之美中，不斷提升道德之善的層級，不使規範或層級淪為某一種生活經驗的工具。

四、生命的超升進路

總結前三條進路，吾人當可明白：莊子生命哲學的形上進路就是生命的超升之路。

所以對人世進行理性的批判，所以致力於人性的自覺以開發人性，所以一心與道冥合，不離性德、物德，都是為了生命的超升。方東美以「超越原理」解釋莊子之致力於解脫個體生命的限制[5]。鄔昆如點出「超升」的概念：「為使『統一』的觀察能夠成功，莊子致力於『超升』的運用，這『超升』概念在《莊子》書中，就是『遊』概念。『乘雲氣，御飛龍，而遊乎四海之外。』（〈逍遙遊〉）以及『嘗相與游乎無何有之宮，同合而論，無所終窮乎！』（〈知北遊〉）超升的必需性，來自莊子對世物的束縛體認。在〈齊物論〉中，外物對人思想的束縛問題討論至極峰。」[6]〈齊物論〉化除了思想的限制性，使思想得以向上超越；而〈逍遙遊〉則解除了生命與生俱來的種種限定，此一「解除」並不是對客觀事實的一概否決，而是擴大心量，放開眼界的精神鍛鍊，以使種種存在之限度不再具有實質的意義。由此可見，莊子生命的超升是全面的，澈底的，是心身同時的

---

5 參見方東美《中國哲學之精神及其發展》（上），成均出版社，民國七十三年初版，第一九二—一九三頁。

6 見鄔昆如《莊子與古希臘哲學中的道》，國立編譯館出版，臺灣中華書局印行，民國六十一年初版，第七二頁。

飛騰上升[7]。

在〈知北遊〉，莊子運用神話人物以示現生命超升之具體境界，於是分別出現「泰清」、「無窮」、「無為」、「無始」、「狂屈」、「黃帝」等具有超越性生命的象徵。顯然地，莊子生命的超升是為了使生命回到泰清之道及無窮無為無始之道，這些道的描述性稱號，顯示了生命超升之路：生命無窮以入道，生命無為以合道，生命無始以返道，而生命泰清的境界乃道的境界，「泰清」隱示道的純粹性。進一步，莊子以黃帝象徵「守中」的精神，乃是為了不讓生命的超升逆轉為無窮的後退，而保其生命現實的內涵與特質，以進行生命的種種創造。我們可以用「創造的創造性」(Creative Creativity)[8]來詮釋莊子如此純粹而淋漓的生命創造力。他掌握了此一「生命的創造的創造性」，因此其生命的創造能永保其長新的創造性，而此一「生命的創造的創造性」，就是莊子的道的超越屬性。至於莊子生命的其他特性：生命普遍的和諧性、生命具體的現實性、生命終極的自我實現，都可在其道論所開展出來的廣大生命系統中找到無數具體的例證。

7 參見吳光明《莊子》，東大圖書公司，民國七十七年初版，第一五六頁。

8 參見劉述先《新時代哲學的信念與方法》，臺灣商務印書館，民國七十五年修訂一版，第二六四頁。

第五章　莊子生命哲學的形上課題

在未論及莊子生命哲學的形上課題之前，我們有必要先了解莊子思想的基本脈絡。《莊子》書分三篇：〈內篇〉、〈外篇〉、〈雜篇〉，三篇以〈內篇〉為主，〈外〉、〈雜〉兩篇為輔。成玄英云：「〈內篇〉明於理本，〈外篇〉語其事跡，〈雜篇〉雜明於理事。」[1] 由理本而事跡而理事雜明，似是以華嚴「理法界」、「事法界」、「理事無礙法界」之次第來加以解說，大體不違莊生玄旨。

莊子的思想脈絡可由〈內篇〉七篇之間的嚴密關係作最清楚的展示，成玄英在〈莊子序〉有十分簡明的析釋：

> 所以逍遙建初者，言達道之士，智德明敏，所造皆適，遇物逍遙，故以逍遙命物。夫無待聖人，照機若鏡，既明權實之二智，故能大齊於萬境，故以〈齊物〉次之。

1 見郭慶藩輯《莊子集釋》，成玄英撰〈莊子序〉，河洛圖書出版社，民國六十三年臺景印一版。

既指馬天地，混同庶物，心靈凝澹，可以攝衛養生，故以〈養生主〉次之。既善惡兩忘，境智俱妙，隨變任化，可以處涉人間，故以〈人間世〉次之。內德圓滿，故能支離其德，外以接物，既而隨物昇降，內外冥契，故以〈德充符〉次之。止水流鑑，接物無心，忘德忘形，契外會內之極，可以匠成庶品，故以〈大宗師〉次之。古之真聖，知天知人，與造化同功，即寂即應，既而驅馭群品，故以〈應帝王〉次之。[2]

由此可見，莊子〈內篇〉之脈絡條理暢達，其中有理有事，且上達理事圓融、天人合一之生命境界。可以說，莊子生命哲學已在〈內篇〉自成一系統。

對成玄英此段文字，我們可作如下之分析：

1. 逍遙遊直指道境，至於無入而不自得，物物皆具生命超升之力，皆可實現生命超升之理。
2. 已體現生命之自由後，生命一往平等之境終可在生命智慧朗照之下自然現前。

---

2 同上。

3. 既已齊物，則可以精神之虛靈妙用保養我們的現實生命，並以立定生命的主宰。
4. 立定生命的主宰之後，我們可善處人間世，並解決善惡對立、以善退惡等問題。
5. 在人間世中，圓滿德性自然由內而外，以接物化物，達到一體同化的道德境界。
6. 道德的化境可以至於「忘德忘形」，而發揮生命最精粹最強大的創造。
7. 生命創造最高的成就在知天知人，至此，人人皆是其生命之主宰，人人皆是人間之帝王。

這就是莊子生命哲學的基本脈絡，結合了形上學、道德哲學及政治哲學。他使道德形上化，使政治道德化，使生命回歸價值之源，而莊子的道德以精神生命為依歸，其真諦在實現生命的自由與平等。

如此，我們當可由莊子不假思慮言詮的成德入道的生命歷程中，發現其中存在著幾個重大的形上課題。如果疏忽了這些形上課題，而一味以莊解莊，是可能使莊子之形上思考失去其明確而真實的意義。因此，我們應可在不破壞莊子思想之有機性的情況下，試作概念性的剖析：

一、由動而靜，即體顯用的回歸與統合

此一回歸可稱之為「復歸原理」[3]，其復歸之進程從有限到無限，從相對到絕對，從現實世界到道體的形上世界。這是理性之回歸理性之源——理性之主體，存在之回歸存在之源——存在之主體，也是生命之回歸生命之源——生命之主體。而理性之主體、存在之主體及生命之主體，三者合一，皆由道建立。「道者，德之欽也；生者，德之光也；性者，生之質也。」（〈庚桑楚〉）性是生命之本，是所謂「自然」，而生命乃道德的發顯，大德化生萬物，同於「天地之大德曰生」。故道德即生命精神之本源，生命之回歸以道德為原則，亦以道德為標的。

在此，我們必須辨明：「生之質」的「質」不具靜態的本質意義。成玄英疏：「質，本也，自然之性者，是稟生之本也。」[4]性為生之本，「本」指生命發展之根本——道，

3參見丁原植《老莊哲學中「有」「無」問題之研究》，輔仁大學哲學研究所博士論文，民國七十年六月，第三七頁。

故性來自道，性通於道。道亦為生命的法則，故立定生之本，即立定生命的法則；行道即在實踐生命的法則，亦即在發揚人性之內涵。性道所以不通，全因生命之個體性、差殊性及種種造作之活動所致，而這一切皆可統合成德。生命之內涵成就德，由德而入道，生命即由動而靜，即體顯用，發揮其生命之光，並以建立其生命之根本。

由此可見，莊子仍循老子回歸之路：「夫物芸芸，各歸其根。」（《老子》第十六章）然莊子更進一步，以象徵手法，生動地描繪此一生命回歸的歷程：

副墨之子聞諸洛誦之孫，洛誦之孫聞之瞻明，瞻明聞之聶許，聶許聞之需役，需役聞之於謳，於謳聞之玄冥，玄冥聞之參寥，參寥聞之疑始。（〈大宗師〉）

從文字、誦讀、明澈之見、心悅之悟、勤而行道、歌詠讚頌，以至於玄冥、寂寥，最後至於無始之始，如此層層轉進，由有至無，由實至虛，由動至靜，由語言而超語言，由可思辨至於不可思辨，表面看來是不斷的否定再否定，實質上是不斷的肯定再肯定，

4 同1，第八一一頁。

終於生命的大肯定，肯定生命究竟的根本。

即體等同於回歸，顯用是顯道體之大用。即體與顯用乃生命一時之運作，而不是可以二分的不同階段。「即體」顯示永無止境的不斷趨近生命最高之理想，愈接近此一理想，生命之作用愈真愈純愈妙。〈寓言〉裡顏成子游對東郭子綦說：「自吾聞子之言，一年而野，二年而從，三年而通，四年而物，五年而來，六年而鬼入，七年而天成，八年而不知死，不知生，九年而大妙。」大妙是指生命之價值理想大幅之體現。由此，吾人可知：莊子已將儒家生命之價值學提升至生命的存有學，以存有涵攝價值，這就是即體顯用的統合性的大創造。

「泰初有無，無有無名。」（〈天地〉）「天門者，無有也，萬物出乎無有。」（〈庚桑楚〉）又云：「有不能以有為有，必出乎無有，而無有一無有。」（〈庚桑楚〉）任何之有皆不足以成為其他之有的存在根據，唯統合諸有的根本原理能提供諸有兼具形式與內涵的存在意義，而此統合原理已然超乎諸有，已無諸有之相對性、有限性及差異性，故名之「無有」，「無有」就是道。章太炎云：「天地本無體，萬物皆不生。」[5] 萬物因道而

---

5 見章太炎《齊物論釋定本》，廣文書局，民國五十九年初版，第四〇頁。

生，就道之有而有生，就道之無則無生。萬物因道之有而有其由無向有的創造性，亦因道之無而有其自有歸無的無盡奧妙，故無不害有，反助成萬物之有。總而言之，即體顯用乃是統合有無的辯證發展，莊子所以貴無亦貴有，出世又入世，因其生命總在動態的辯證歷程中。就此一連續而通貫的歷程，生命是沒有終極性的死亡的，也可以說，生命是不朽的，這是生命之回歸與統合交互運用的結果。

二、認知與行動的相即相應

在此，我們先就字源學的觀點，來解析「道」字，可以發現「道」包括兩層意思：一是「首」，指理性，二是「行」，指行動及種種人生經驗之活動[6]。就道之為一而言，

6 鄔昆如云：「『道』概念的原始字義已指示出『首』，象徵著思想，象徵著理智；道字的另一構成因素是『行』，行是著重實行的古代中國思想的基本形態，是具體生活中最基礎的動力與本質。」見鄔昆如《莊子與古希臘哲學中的道》，國立編譯館出版，臺灣中華書局印行，民國六十一年初版，第八一頁。此外，唐君毅對「道」亦有十分詳細的解析，參見唐君毅《中國哲學原論・原道篇》

這兩層意思其實不可分離，即理性即行動，即思想即經驗，即知即行，即動即靜，即言即默，道的統一性已然化消知行之間的種種對立，知行的對立可以透過思想與經驗的融合逐步予以化解。言默無間，知行自相應；知在言中，行由默起；因知而言，因行而默，兩者之間乃是有機的關係。知行的有機關係來自道在生命所呈顯的各種通順之道；因知而通，因行而順，知行合一，則生命之道無不通順。

以上所言之道，乃就道之作為知行之法則立論。道之所以能超乎理性與行動，因形上之道乃理性與行動之本源。形上之道是一，故有其統合理性與行動之用。形上之道亦為價值之源，即存有即價值，故可融合一切之思想、經驗，使生命的意義朝向無限之存有作全向度的開展，以體現至真至善至美的價值理想。道的形上意義在未落入經驗與行動的範疇之前，可以透過本體理性予以辨明。而在道已然以其形上意義統合生命之際，理性便由本體理性邁向實踐理性，兩者在生命意義中所呈現的差異相，可由道予以涵化為一。

當我們的生命不斷趨近道，知行之間的距離便愈來愈近；反之，當我們的生命背離

（一一），臺灣學生書局，民國七十五年全集校訂版，第二九—三三頁。

道，知行之間的距離便愈來愈遠，終至於理性自身之分裂，以及生命自身之滅裂，而現象與本體在吾人生命中的意義便再也難以接合。道建立生命之本體，同時賦予生命現象無窮的意義，故知道即為了行道，道是一切生命活動之準則，知行在道的引導之下，相即相應，一齊朝生命之理想前進。

莊子以道為思想與行動之唯一指標，因此他屢次運用「道通為一」的原則，來解決思想及行動的問題。莊子將道的統合意義賦予各種人為活動，使人為不害自然，即不害生命之純真之本質，以化消人為所可能造成的問題。在道之中，行即無行，無行即行；在道之中，知即無知，無知即知；在道之中，夢與覺之間也不需誰來強作解人。當然，由知到行仍有一貫次第，故莊子仍有十分強烈的時間感，「物，量無窮，時無止，分無常，終始無故。」（〈秋水〉）此知行之一貫次第在無量的時間中終始無故，歷久不衰，原來在時間之中已有超時間的道的意義在。莊子的時間感由超時間的道逼顯出來，是道使定量的時間在生命中有了一定的意義。剎那即永恆，對莊子而言，並非只是文學性的感受，而有其十分明確的哲學意義。由此至於無古無今，不死不生，莊子終化小行為大行，再化大行為無所行無所不行。道之所以玄冥大通，即由此生命活動之不斷超化所致。同時，小知可化大知，大知可化為無所知無所不知。知行的最高境界即是道的境界，至此，知行的活動即是「道法自然」的活動。「無思無慮始知道，無處無服始安道，無從無道始得道。」（〈知北遊〉）由知道、安道到得道，全在默觀玄想中進行，如此知行一貫，是不必也無法再在知行之間作任何的測度了。

三、方法與目的的相涵相攝

中國傳統形上學所建立的形上世界乃一價值的世界，儒、道、墨各家各有其發現價值的方法，然根本上，各家所肯定的價值系統實可互通，而皆以人之精神生命為價值系統之所繫。中國哲人便以此生命之價值意涵將世界轉成吾人生活意義所寄的一大存有，其中處處是我們知識與行動的目的，可以說，整個價值世界即一大目的論系統[7]，生命目的之達成在於價值之實現，而生命價值之建立則在於目的論系統的完成。

莊子即將其生命化入此一目的論系統中，而將此一系統綰結於道，故吾人可稱之為

7 參見方東美《中國哲學之精神及其發展》（上），成均出版社，民國七十三年初版，第四九一－五〇頁。

「道的目的論」。亞理斯多德論其「至善」為吾人所追求之最後目的，有云：「凡一件事物之本身成為我們選擇的目的，而絕不為其他原因，則該事物毫無疑義的是我們最後的目的。」[8]莊子的道即莊子最後之目的，道之內涵即吾人所追求之「至善」；道不是一種手段，而道可使其他事物不僅可作為手段，亦可成為一獨立自在之目的。所謂「自然」，有一基本義：物物皆是一目的，物物皆可以自己為唯一之目的。當然，作為最後目的的道，並不排除方法之運用，種種體現道之意義的人生修養仍有其作為方法、手段與工具的效用，而經由方法、手段與工具之運用，道之為目的方能逐漸被揭顯出來，而人生之進路方能成為吾人履道坦坦之大道，人性之光明方可照破一切妨害吾人自由活動之心理闇暗。

莊子是以道之為一，將人生之目的與方法涵攝為一。對此，我們可以從底下這幾方面來加以證明：

1.〈天地〉裡，莊子假孔子批判那位灌園的老人：「治其內，而不治其外。」即是在批評這位反機械的老先生只知「道」之為目的，而不知「道」可向外涵攝所有之手段

8見高思謙譯《亞里士多德之宜高邁倫理學》，臺灣商務印書館，民國六十八年初版，第九頁。

與方法。「明白入素，無為復朴，體性抱神」（〈天地〉），這是進入道的目的系統之後，生命所成就的境界，如此便能「遊世俗之間」（〈天地〉），而不使人驚。目的涵攝方法，方法便不再突顯其巧思奇技，又怎會令人心驚？這就是老子的「挫其銳，解其紛，和其光，同其塵」（《老子》第四章），以道為目的的方法足以挫銳解紛，而生命之光與塵（相等於精神與物質）終可為人生最後之目的——道——所涵化，成為和同之一體。

2. 〈大宗師〉云：「天人不相勝。」表示目的與方法之分不害其合，天示目的，人示方法，而人終為天所包涵，因此就天的目的範疇而言，人人皆是一目的，皆是道德實踐之主體，皆可進升於道，而使人生種種之意義與此最後之目的相融貫。因此，莊子之自然，吾人可稱之為「最後之目的」，它統合了一切之目的，這就是道的統合性最真切之表現。

3. 莊子觀復觀變的工夫是以最高妙的方法達成最高妙的目的，甚至是以目的對目的，方法已在其中，故能達到能所兩忘，得意忘言，得魚忘筌的境界，莊子一再強調「忘」的工夫，理由在此。

4. 莊子生命的目的是無目的的目的，無方法的方法。由於道遍在一切，故無物非目的；物之為物乃在己不在他，因道獨立自在。就物之自身，物是實現其自身之工具，亦是實現其自身之目的，故控制、駕御與追求、奉獻等活動其實是一連續性的生命活動，皆可一一進入道的目的系統中，而完成其通貫生命意義的大目的。生命終與道成為一體，生命之具體化過程便成一實現目的的過程，如此，生命的機體活動乃自然展開，生命之意識乃在不斷統合之後向上超升，一切精神的活動乃成創造之活動，亦即實現價值之活動。

懷德海 (A. N. Whitehead) 云：「玄想的理性是在其要素上不為方法所妨礙的，它的職能乃在深入於有限理由之外的一般理由之中，乃在理解調整在事物性質中的一切方法只能由超越一切方法去把握，這種無限的理想是永不為人類的有限智力所達到的。」[9] 莊子的道近似懷德海所謂的「一般理由」及「無限的理想」，他所以全心明道以得道，旨在超越有限理由及一般之方法，以實現生命至高的理想，因此莊子在發現智力的有限性後，乃不斷發揮其玄想理性，即其理性的玄想功能，玄之又玄，不斷地進行辯證與超升，以入眾妙之門，亦即以其超越一切方法的方法去把握那超越一切目的的目的——道。莊子

9 見懷德海《理性的職能》(*Function of Reason*)，普林斯頓大學出版，一九二九年，第六五頁。譯文引自謝幼偉《懷黑德的哲學》，先知出版社，民國六十三年初版，第一九四頁。

超越一切方法而不壞一切方法，超越一切目的而不離一切目的，如此物能互變，物形相禪，生命的機能得以作無窮的開發，生命超升之最後目的自在其生命無窮的辯證系統中。在此，莊子將道在宇宙的觀點和生命在道中的觀點相銜接，其「道遍在萬物論」必須由超越的形上學加以完成，理性的玄想功能為此作了確實的保證。

四、實相與表象的互相融貫

莊子志在逼顯生命之實相，進而以生命實相來統合生命之表象，而將表象之局部性、有限性、短暫性、對立性、依附性等一一化入實相——道——的一體性、無限性、恆久性、絕對性、自立性中。〈齊物論〉旨在以實相齊表象，而獲致生命之真平等；〈逍遙遊〉則以獨一實相遊於眾多表象中，而獲致生命之大自由，使實相與表象之對立不至於成為吾人生命超升之障礙。進而以之為階梯，設法融貫表象之雜多性與實相的統一性，達成「一中有多，多中有一」的生命無礙境界。在此，我們可以仿柏格森（H. Bergson）的說法，作如下之比論：莊子以道為其生命綿延之韻律，一切物質之表象在此綿延之韻律中不斷被取消彼此間的差異性，而無數瞬間所製造的雜多性，也於是進入永恆的系統中，終歸寂寂[10]。由認識論進入形上實體，實相是道；而道作為知行之原則，道則逼顯了生命之實相，而此一生命之實相在動態的道的歷程中，生命之無盡綿延在此，生命之無窮律動在此，如此，差異不斷被取消，因時間相續而起的變化的狀態終歸於原則不變的生命系統，生命的超時間性並不必在破壞生命的時間相之後才顯現，因生命的實相之所以擺脫表象的糾纏，原是為了以實相融化表象，以一化多，而終於一多無礙，理事無礙。莊子以道統合萬物之理，以萬物共通之理統合萬物差殊之事相。生命全體之顯豁，乃生命之實相與表象互動的結果，其間，道不斷進行理事之涵攝與統合。

〈秋水〉「以道觀之」是觀實相，而「以物觀之」、「以俗觀之」、「以差觀之」、「以功觀之」、「以趣觀之」則是觀表象，而於觀表象之際，並不失其道眼，故能了然於各種表象之分殊。「因其所大而大之，則萬物莫不大；因其所小而小之，則萬物莫不小。」(〈秋水〉)表象之分殊並不礙實相之統一，由分殊可趨向統一，乃是莊子以道融貫一切事相理相的高明手法所致。由事相理相之各種角度，皆可見生命之實相，故生命之各境界及價值之各層次，皆可升進於道的最高境界。各分殊表象之間，具備互成一體的有機的關係。

---

10 參見柏格森《物質與記憶》，張東蓀譯，先知出版社，民國六十五年出版，第三六八頁。

為了融貫實相與表象，莊子於是運用高超的象徵手法，將實相之在表象中者或表象之在實相中者，全轉為曼妙生動的象徵，以共同組合成一大意義系統。故對莊子而言，人不僅是理性的動物，更是「象徵的動物」[11]。人以象徵照見生命之意義，人以象徵抉取自然之機趣。象徵是意義的結晶，運用象徵，一方面是為了避免二分法的謬誤，不使思維落入邏輯的陷阱中；另一方面，則是為了保持生命的完整性及活動性，以展現生命之實相。在象徵相互交織之際，實相與表象乃相互滲透。可以說，一大生命體中，無處不是象徵，無不可據之以作生命之完整之詮釋，故象徵手法使莊子生命哲學展現了獨特風貌。道之有象有物有精有信[12]，乃莊子所特別關注的，透過道之象、物、精、信等實存

---

11 卡西勒云：「我們不應把人界定為『理性動物』，而應界定其為『象徵動物』。」見卡西勒（Ernst Cassirer）《人的哲學》(*An Essay on Man*)，杜若洲譯，審美出版社，民國六十五年初版，第四二頁。

12 見《老子》第二十一章：「孔德之容，惟道是從，道之為物，惟恍惟惚，惚兮恍兮，其中有象，恍兮惚兮，其中有物，窈兮冥兮，其中有精，其精甚真，其中有信，自古及今，其名不去，以閱眾甫，吾何以知眾甫之狀哉？以此。」莊子透過此道之恍惚窈冥之象徵，發現道之真精有信之內涵，並將其鋪展於天地之間，即自道之為物之始以迄道之為物之終，始終一貫，貫以一貫而多變之象徵，因此避免了有始無終及停滯於抽象層次的危機。

之義涵，莊子發現生命之內涵是無比豐富的，而生命內涵所以無比豐富，乃在於生命之精神元素與物質元素可作全面而深廣的整合，這就是象徵手法的高度運用，以超於實相與表象之二分，以超於精神與物質之二分，而終助成生命一體之超升及一貫之完成。

五、生命價值的否定與肯定

辯證原理是莊子不斷運用的形上原理，在辯證的歷程中，莊子主要是在進行價值的辯證：不斷地交互運用價值的肯定與否定，終於達成最高價值的最大肯定，至此，所有次於最高價值的其他價值皆遭否定，此一大否定正足以成其最大之肯定——肯定「道」及道所創生之一切，故此最大之肯定肯定了一切之價值，並重新肯定所有曾遭否定的價值，這是生命的大肯定，是須以生命的行動全力以赴的。

不斷進行價值之辯證，乃是為了超越生命既有之主觀義涵，以上達生命之本體，生命之本體即價值之本源。道為一切價值之客觀基礎，道為「真」之價值提供一條覺悟密契之路，道為「善」的價值提供一條建立生命尊嚴與理想之路，道也為「美」的價值提供一條創造和諧與觀賞妙趣之路。

莊子肯定萬物之價值不僅是內在而遍在的，就道賦予萬物存在之內涵而言，物的價值亦是相等的。然萬物固守其存在之價值，並不意謂「價值之超越」是不可能的。「超越」是價值之為價值的基本要件。如果萬物皆因自適其適，各安其分而故步自封，自滿自足，則高等價值之實現將成幻夢，生命之超升將因此停止。究其實，一切價值之差異性只具相對性，而當一切價值為道之「一體之美善」所統合，一切相對的差異性便不再具有任何意義，這使得價值能在超越的進路中，不斷地進行辯證。

價值的設定不僅是人心共同的需求，亦是存有的超越屬性。否定負面價值，追求正面價值；否定低等價值，追求高等價值，這不僅是人心最內在的欲求，亦是最高存有所保障的人生超越之路。價值為存有之超越屬性，存有為價值之真實基礎。同理，道是莊子建立其價值系統的最後根據，而對於在道之下，所有可區分可辨識可作為吾人追求之目的物的價值，莊子則將它們一一翻轉，於是透過否定與肯定的辯證歷程，從有到無，從無到更上一層的有，亦即透過「無」及「無無」的超越工夫，使萬物之存在從小有到大有，從短暫之有到恆常之有。如此從認識論到本體論，生命之存有意義將不斷地加深擴大，而至於無限之有，價值乃因此不斷超越相對之階層而終獲致絕對之意義，價值之實現是須與其超越同時並進。

在此辯證歷程中，莊子以無價值色調的自然精神作為辯證之一貫原理。表面看來，「自然」取消了一切之價值，但就實質而言，「自然」保全了一切價值，使價值不斷回返其自身，而在回返自身之際，又能不斷地向外顯現，以不斷豐富現實世界之價值內涵。故「自然」為一辯證之路、超升之路，並非毀棄價值的後退之路，更非摒除生命的自絕之路。

價值之辯證形成一龐大的價值網絡，莊子將生命安頓在此網絡中，故能齊物逍遙，養生達生。在〈秋水〉裡，河伯與北海若的七問七答，為莊子此一價值大網作了十分具體的展示。河伯的第七個問題：「何謂天？何謂人？」天人是價值大網的兩端，如何將此兩端連結，關係價值的成全與開展。北海若回答說：「牛馬四足是謂天；落馬首，穿牛鼻，是謂人。故曰：無以人滅天，無以故滅命，無以得徇名。謹守而勿失，是謂反其真。」天人之辨乃價值的分合之辨，亦是價值的本末之別。天是價值之全之本，人是價值之分之末。分終入於全，末終歸於本，故不能以人滅天，而應以天生人，以天全人，即以最高之價值成全生命，回歸生命之本然。「反其真」是價值的實現進路，不斷趨近最高的價值理想，亦即不斷統合肯定與否定，而終於無所肯定亦無所否定的大通之道。故可見肯定與否定不能只具認識論的意義，而應同時具備道德實踐的意義，如此，才可能在價值實現的歷程中，同時體現生命之本體意義，而生命之本體也才可作價值之本源，不使價值之目的無從建立。

確立了生命之本體，吾人才可能進行價值之辯證、價值之超越及價值之實現。莊子以氣為生命之本體，以道為生命之法則。莊子的氣具有本體之意義，故謂之「一氣」，生命體之為一個完整的個體，乃此「一氣」所致，而氣之化生與流行，則遵道而生，循道而行。在此，吾人可如此界定：氣之化生即生命價值之具現，氣之流行即生命價值的大統合。也可以說，氣的活動就是價值的實現活動。生命以氣進行各種價值的活動，生命之內涵由氣所變現，其中無不是價值的體現。而道的形上意義與氣的形上意義可經由價值之統合而不斷地結合，此一結合即生命的自我實現，由小生命而大生命，此一統合、結合的歷程是無窮的。

以上所論，是莊子生命哲學的形上課題。除了各形上課題有其特殊之意義外，彼此之間的融貫性，更是莊子建立其哲學系統的基礎。首先，所以運用「動」、「靜」、「用」等概念說明莊子的道，旨在闡明道為生命活動的基本原則，並使道兼具生命回歸與統合的雙重意義，回歸為了統合，統合乃所以完成回歸。在回歸與統合的交互、錯綜之作用下，認知與行動即可相即相應，方法與目的即可相涵相攝，實相與表象即可相互融貫。

生命統一之相經由這三個形上課題的解決，才得以展現，而生命統一之相即道相在體用合一的情況下，於生命中自然之化現。體用合一是形上的精神統一，由此精神的統一，自能達成知行的統一，方法與目的的統一，以及實相與表象的統一，所謂「統一」是統於道，一於道，其中無不是氣的化生與流行。最後的價值辯證與實現，則是道的回歸與統合在生命與價值共生的存有範疇中，所達致的真實的完成。生命之為存在，價值之為屬性，皆須以道為基本之形式，以道為最高之條件，以道為最普遍的理則，而生命價值的實現之道，又須有其現實之條件及足以完滿其生命內涵的質料因素，此現實條件及質料因素就是氣，氣具有融貫生命之特性，道與氣的相即相應之關係，衍生出莊子生命之系統。道無限，氣無量，故生命之系統無窮亦無盡。

第六章　莊子生命的特質

經過形上進路的疏理與形上課題的詮定，莊子生命哲學的形上意義已昭然若揭。由人世而人性，再由人性而上達於道，終使生命不斷超升。此一貫之道中，步步是意義的履現，層層是生命的發展。如此回返道源，透顯道用，使本末無殊，動靜一如，體用相應，生命之自主性已在其中。知行合一，方法與目的不隔，實相與表象相融，生命的平等自由當可澈底實現。如此生命從有限趨向無限，轉相待之境為無待之境，生命的自在變化其實不離生命不變的主宰，而一切生命的對立乃成其為和諧的系統，生命之差異乃成其為統一之系統，生命於是展現其整體性、相連性與一致性，這就是莊子生命的特質。因生命有其特質，故莊子之生命哲學有其獨特之意義。也可以說，莊子以其具有獨特意義的生命哲學，發現生命之特質具有形上之意義。

底下，我們將分別界說莊子生命的特質，並試著融貫各生命之特質，以見莊子生命之總相，以揭露其完整的形上意義。

一、自然自主的生命論

論者多謂莊子為「自然主義」，並解「自然」為「自己存在」、「自己如此」[1]。此義大體無不當，然若將此自然之生命置放於有限之事物中，則必須先設定一前提：自然即是道，道即是自然。以自然解道，或以道解自然，皆意謂生命經由自覺以達成生命之自主。老子謂「道法自然」（《老子》第二十五章），自然與道其實是一不可分的「整體」，亦是一不可再依其他條件予以解析的「原理」，道故是絕對之道，自然故是無限之自然，

1 吳康云：「『莊生思想，其本為自然主義。自然者，自己存在，自己如此。』」見吳康《老莊哲學》，臺灣商務印書館，民國五十八年修訂臺七版，第一〇八頁。王煜謂莊子哲學為「自己如此主義」：「在其『自然』的玄境中，不但宇宙整體自然或自己如此，而且宇宙中任何事物，一一獨立自足，毫無因果律的羈絆與限制。」參見王煜《老莊思想論集》，聯經出版公司，民國六十八年初版，第一一七頁。牟宗三認為道家的自然是個精神生活上的概念，又解「自然」云：「就是自由自在，自己如此，無所依靠。」參見牟宗三《中國哲學十九講》，臺灣學生書局，民國七十二年初版，第九〇頁。

道的絕對性正足以成就自然之無限性，生命的絕對性與無限性即在此。若離棄道的絕對的實存意義，則「自然」將被空化成可能被誤解誤用的空泛概念。道的實存不僅不害自然之空靈，且適足以助成自然生命之超升；生命不超升，便無法拓展生命空靈之境界。道家有無雙運，虛實互通，不偏有亦不偏無，不倚虛亦不倚實，因此其自然主義與其絕對的道論須予以貫通而並重，否則，任「自然」落入事物的個別相狀中，而成為一種不可知論，如此將「道」截頭去尾，游移於精神恍惚之間，就是莫大的錯誤了。

生命的自然來自道的自然，而以自然的宇宙為實現之場。生命的自主性來自生命之「道法自然」，因此生命自主之理亦在於道，道使生命在體現道的範圍內作自己的主宰，而此一主宰意義須與道的主宰意義相提並論，否則亦將落空。莊子言「自化」：「物之生也，若驟若馳，無動而不變，無時而不移。何為乎？何不為乎？夫固將自化。」（〈秋水〉）如此無待而自化，超乎主動與被動。唯道自動，故物自動；唯道自生，故物自生，如此變化乃能自由自得而無所不變，無所不化。自化是「自然」在生命中的作用，物物自化即等於自然之大化，大化以物物之自化為內容，而道本身就在自化的歷程中，不斷在有限物中發揮其無限的創化功能。

〈齊物論〉云：「若有真宰而特不得其朕。」郭象注云：「物皆自然，無使物然。」[2]另外，郭象注〈逍遙遊〉：「乘天地之正，而御六氣之辯。」云：「天地者，萬物之總名也。天地以萬物為體，而萬物必以自然為正，自然者，不為而自然者也。」[3]郭象如此大肆發揮其自然主義，乃其注莊之宗旨所在。不過，「自然」必須扣緊生命，以發揮其以道為本的第一義，絕不能落入無生之物的第二義。肯定生命之自然自主，方能上合自然大道，下融自然萬物，而以宇宙為一大生命，生命為一大宇宙。萬物之所以有生，宇宙之所以有機，皆可由此見端倪。

有論者以「必然」解莊子之自然，並以為萬物是「天道偶然的盲目的配定」[4]，這是相當大的錯誤。自然之論原在反人心意識自主之「必然」，並用以破除那導生「偶然」概念的不可知論。至於對「究極的必然性」的肯定與否，並不是莊子所關心的課題，不過，

2 郭慶藩輯《莊子集釋》，河洛圖書出版社，民國六十三年臺景印一版，第五六頁。

3 同上，第二〇頁。

4 蔣錫昌以「必然」為天道的特點之一，他說：「萬物既無主張，亦無目的。其所有行動、發展，均各有其不得不然之勢。換言之，均有其必然性也。」又說：「萬物之成，因係被動而非主動，係必然而非或然，故其行動皆出於不得不然，而非自欲有所然也。」參見蔣錫昌《莊子哲學》，萬年青書店，民國六十三年再版，第一二一一三頁。

莊子對此依然持開放的態度。他不為必然與偶然之邏輯關係而起爭論，道本身即是一大必然，但此「必然」之意義非一般性之意義，而須與道之絕對自主性相結合，故道之自然即已包涵道之必然。至於「偶然」的問題對莊子而言，並無實質之意義，他以其天論及命論消解了「偶然」，〈大宗師〉云：「死生，命也，其有夜旦之常，天也。」命與天原為一體，其間已無「偶然」存在的餘地。可以說，莊子是以「自然」化除了「必然」與「偶然」的不相容性。

道的「自然」是有被轉落成「必然」的可能，然就道而言，自然就是自然，這是道的唯一的真實的意義，並不能順吾人心理之趨勢將其轉為「必然」。至於所謂的「被動的自然主義」[5]，更是一矛盾之辭。既是自然，便不被動；既已被動，被外力所動，又何能自然？自然而自主，乃是一貫的生命理路，絕不能從中予以割絕。剋就莊子的生命精神，乃在於不斷消解吾人諸多必然之意向，而將直指一定之目的的行動引導向生命之大道，亦即以自然之道舒解吾人生命之緊張，緩和吾人生命之奮興，並提拔吾人生命向下之陷

5 吳康認為老莊的自然主義為「被動的自然主義」，參見吳康《老莊哲學》，臺灣商務印書館，民國五十八年修訂臺七版，第一六七頁。

溺傾向，如此方可能達成生命最高之理想與最終之目的，故所謂「反其真」（見〈大宗師〉、〈秋水〉）乃返生命之自然，順自然之道，以使生命回返自身。不論莊子如何發現「自然」之意義[6]，我們須將其自然之生命觀建立於自然之道論之上，並保持其生命自主自由的特性，以使自然主義助成莊子之生命理想：「汝遊心於淡，合氣於漠，順物自然而無容私焉，而天下治矣。」（〈應帝王〉）莊子無為而治的政治觀即以自然主義為基礎，這便是以「自然」解放生命精神之後自然成就的人文大業。

二、機體主義的生命論

莊子的宇宙是有機的宇宙，宇宙萬物之間的關係是有機的，可以自行調整的，而有

6 郎擎霄認為莊子從三方面發現「自然」之意義：一、自然現象之觀察，二、歷史事實之觀察，三、生物現象之觀察。參見郎擎霄《莊子學案》，河洛圖書出版社，民國六十三年臺景印初版，第五〇—五四頁。筆者認為除此三方面之外，莊子亦從人文及道德事實的觀察，正反互證，本末兼顧，以發「自然」在吾人生命內涵中的獨特意義。

莫大的迴轉餘地，此一迴轉之可能性來自廣大的生命領域。聯結有機之關係，自能形成有機之生命體，也可以說：是有機的生命保障了有機的關係。就莊子保全生命養護生命的觀點看來，他照料生命有機性之苦心，實在無微不至。保身全生，養生達生，無不以生命之有機性為前提。生命之有機性由生命自然之道所展現，所謂「緣督以為經」（〈養生主〉），順自然之中道，即可保身全生，所謂「依乎天理，批大郤，導大窾，因其固然。」「天理」、「固然」皆指自然生命之有機性。庖丁解牛，「以無厚入有閒，恢恢乎其於遊刃必有餘地矣。」則以超乎量化空間之神力入於有間而深廣無垠的生命領域中，故能運用生命之有機性以駕御其無機性，而成就其高超之全生養生之本事。可見生命之有機性是在有限的時空中發揮超乎有限時空的生命大能，薪盡火傳，火乃有機生命之具體象徵。因此，唯有保住生命的有機性，生命才可能不死，不死的是那有機性，會朽壞的是喪失有機性之物。在大生命的活動歷程中，有機與無機終化而為一，一切莫非生機與生氣。

莊子的生死觀亦來自機體主義的生命論。莊子「以死生為一條」（〈德充符〉），以天地為一氣（〈大宗師〉：「遊乎天地之一氣。」〈知北遊〉：「通天下一氣。」）所謂「一條」、「一氣」，乃是生命有機關係的大統合。〈大宗師〉云：「孰能以無為首，以生為脊，以死為尻，孰知死生存亡之一體者，吾與之友矣。」自無而生，自生而死，彷彿人身之從首到尻，一貫而來，一無間隙，這是以人體之有機性喻示一切生命之有機性。若從價值學的完形理論看來，莊子是以宇宙為一大完形，其中包涵無數之完形[7]。整全的價值與價值的整全，都是以生命之有機性為基礎，而源自完整精神體之生命虛靈境界亦經由生命之有機性作自由的揮發。心的有機性即心的虛靈性，因此莊子的機體主義，亦可稱之為「心之機體主義」。

在西方哲學中，以懷德海的自然機體論最接近莊子的有機生命觀[8]。懷氏的自然機

---

7 當代價值論的重要哲學家方迪啟 (Risieri Frondizi) 主張：「價值是一種完形性質，是綜合主觀與客觀的優點，並且只在具體的人類情境中才存在以及具有意義。」他認為「完形」(Gestalt) 具有三項特徵：一、一個完形具有那些在它組成部分中以及它各組成部分的純粹組合中所找不到的性質，二、它是具體、真實的存在，三、它組成部分之間，是整合而相互依存的。參見方迪啟《價值是什麼？》(*What is Value?*)，黃藿譯，聯經出版公司，民國七十三年初版，第一二八－一三〇頁。筆者認為莊子以生命之完整性、一體性及有機性看待自然事物，其價值觀與完形理論有相近之處；透過完形理論，可以幫助我們了解莊子在具體存在中所發現的存在意義與存在價值。

8 懷德海的形上學脫胎於當代物理學，他致力於消除近代科學的兩種主要錯誤：「自然二分法」

體論以科學之宇宙觀為基礎，開展其廣大而豐富的形上體系，側重實際事物的變化及歷程，並以實際事物之聯繫關係為基本之存有範疇。而懷氏所運用的邏輯為「關係邏輯」(The Logic of Relation)[9]，用以全般展現實際事物之有機關係。就比較哲學的觀點，我們

(Bifurcation of Nature) 及「簡單定位」(Simple Location)，提出新的宇宙論——「自然機體論」(An Organic Theory of Nature)，懷氏即以此「自然機體論」之科學宇宙觀為基礎，展開了廣大而豐富的形上思想體系，而建構了「機體哲學」(Philosophy of Organism)。懷氏從此「機體哲學」之觀點，透過實際事物的關係、變化及動態歷程，以發現實際宇宙之真相，其精神意趣，和莊子十分近似。有關懷德海「自然機體論」及「機體哲學」的主要論點，可參閱他所著的《自然的概念》(*The Concept of Nature*) 和《科學與現代世界》(*Science and the Modern World*) 二書。

9 懷德海運用「關係邏輯」(The Logic of Relations) 代替亞理斯多德的「屬性邏輯」(The Logic of Properties)。John W. Lango 在《懷德海的存有學》(*Whitehead's Ontology*) 一書中說：「亞理斯多德的形上學以實體 (Substance) 為基礎，故產生屬性邏輯。懷德海則認為歷程 (Process) 才是根本的，而實體則由推理而來。懷氏強調實際事物的關係，故運用關係的邏輯，其最基本的形上概念即是普遍關係之概念。」參見 John W. Lango, *Whitehead's Ontology*, State University of New York, New York, 1972, p. 11.

可以如此論說：莊子亦運用其獨特之關係邏輯，以整合全數存在物之關係為一有機之大生命體，因萬物多向多重之關係，而推衍之，包羅之，整合之。所謂「和之以天倪，因之以曼衍」（〈齊物論〉），即是運用關係邏輯以保自然以全生命，其中無不是完整之結構，物物相互依存，彼此參合，而形成一有機之統一，全體與部分之分際乃為生命之有機性所消融。

三、生命發展論

莊子以為生命之發展乃在對立的關係中進行，而生命之發展以道為中樞，所謂「樞始得其環中，以應無窮」（〈齊物論〉），不僅可用以說明有是有非之知識系統，亦可用以說明生命發展之為一無窮系統。「其分也，成也；其成也，毀也；凡物無成與毀，復通為一。」（〈齊物論〉）成毀是生命發展之現象，「復通為一」是生命發展之基本法則，循此動態之生命法則，生命發展並無靜止之終點，所謂「一」不是一固定的標準，而是居中策應，動而不動，不動而動的生命中心——莊子的道。

莊子生命發展的進程由外趨內，由下趨上，由雜趨純，由多趨一，由人趨我，再由我趨無我，無我一無我，無有一無有，終由物趨德，由德趨道，進入無為無己，無始無名的純素的生命自身。他的修養方法亦循此生命發展路徑，從生命之物質層次直向生命之精神層次，「有生必先無離形，形不離而生亡者有之矣。」（〈達生〉）生而具形，然形往往害生，「生亡」乃形不離的結果。如何能離形而終不離形，即在於以生命之德去除妨礙生命發展的種種因素。「壹其性，養其氣，合其德，以通乎物之所造。」（〈達生〉）壹性養氣，乃生命發展之正確方向，性為生命發展之基，而氣為生命發展之力，合德通物，則為生命高度發展的境界。生命之德來自道，亦即生命發展之所得，以德養生全生，即以生命發展生命，以至於「形全精復，與天為一」（〈達生〉），生命之一體性終可在生命發展的無限歷程中逐漸完成，因生命之德足以轉物化形，使眾物眾形終歸一德。如此看來，生命的發展貫通形下與形上兩個世界；莊子的生命之成為一個世界，在於生命之壹性、養氣、合德、通物，全在道的一體性中，而始終保守氣的一體性。

羅光倡「儒家的發展哲學」，認為生命的發展有兩個進程：一、發展人性，二、人性的發展[10]。由發展人性至於人性的發展，此一理路亦可用來解說莊子的生命發展。不過，

10參見羅光《中國哲學的展望》，臺灣學生書局，民國六十六年初版，第一二七—一四九頁。

莊子的生命發展與其自然宇宙息息相關，這是儒家較不重視的。莊子生命的發展須與自然宇宙的發展同一律動，這是吾人生命發展的外緣條件，而其內在條件則為吾人意識的自我昇華，這和德日進的看法有相近之處[11]。須不斷超越自我之思想、意識及精神狀態，吾人生命才能向更高的境界發展。生命之發展即生命之超越，而生命之超越首在思想、意識及精神之超越，生命最究竟的上揚在此，莊子所以大作心之工夫，其理由亦在此。可以說，莊子的修養論即其生命發展論，其種種之修養工夫，無不以吾人意識之自我昇華為宗旨。對莊子而言，宇宙發展、生命發展及人格發展，三者其實同一進路、同一歸趣。莊子的歸真——歸生命之真，實即生命之發展[12]，而生命發展為一辯證歷程——內外、上下、純雜、一多、人我、有我無我、有與無、道與德等，皆在生命的辯證歷程中，

11 德日進 (**Teilhard de Chardin**) 對生命的原動力及人類意識的起源有十分重要的研究，他說：「生命是意識的昇華，我們承認這一點。如果生命還進步的話，那只能夠是因為在各處，內在的能力在萬花開放的地球的掩護下，機密地升起。」見德日進《人之現象》(*Le Phénomène humain*)，李貴良譯，正中書局，民國五十九年臺二版，第二〇八頁。

12 參見吳怡《逍遙的莊子》第五七頁：「莊子的歸真，一方面是回歸真我，一方面是生命的上揚。」東大圖書公司，民國七十五年再版。

皆是生命辯證的實際課題，皆足以助成生命的大回歸與大統合。

四、生命平等自由論

莊子的生命有兩大精神特色，其一為自由，其二為平等。逍遙遊遊出自由，因自由而遊物；齊物論論定平等，因平等而齊物。自由以平等為基礎，平等又以自由為前導，兩者是一不是二，同以道體為本，以道用為用。自由與平等乃是吾人生命兩項最珍貴的精神資產，皆源自道；捨之，則吾人生命之自然、有機、自主、獨立等特性將逐漸被侵蝕，吾人生命將無能發展。

莊子的自由約有如下六項要義：

1. 自由衝破一切限制，是生命精神之解放，亦即生命韻律之跳脫自我之限制。自由並不必與一切有限之物為敵，在有限的生命範疇內，仍有其一定之自由，而此一定之自由包含了實現無限自由、絕對自由的可能性，自由的無限性與絕對性為一切生命之自由活動之最後預設。可以說，自由是破而不破，不立而立的創造活動。

2. 不僅人擁有了自由，而且是自由擁有了人。人在道中，故人之生命沉浸於自由之精神中。

3.自由以道為精神泉源。道是生命創造之原理，生命因自由而創造，亦因不斷創造而不斷體現自由，人與道合，乃自由最高之體現。

4.自由渾同物我，取消一切之對立，並以無始無終的無限的時間觀化除無數瞬間的雜多性，以使生命進入絕對永恆的境界。

5.自由體現生命美善之價值，自由為生命實現價值理想的活動。不自由，則價值理想與生命豐富的存有性將無法契合，而生命之存有內涵將無法獲致充實圓滿的境地。

6.莊子不僅重視抉擇的自由，更重視體驗的自由。莊子是以心靈體驗的自由來保障言行抉擇的自由。

至於莊子的平等精神則內容繁富而具有多種層次多種向度，其最根本的立足點是莊子的道，道的內涵無限深廣，故莊子的平等包容了無數的差異，一中有多，多中有一，平等是同異並容，一多互融，而不是把一切生命之差異壓縮為平面或把變化多端的生命廣袤積聚成一點的平等。平等作為生命之原理，極有助於吾人擺脫思想的困境。物之齊是平等的客觀基礎，而物論之齊，則為平等的主觀基礎，主客合一，平等之精神自然朗現。我們可以界定「莊周式的自由」為一不爭自由的自由，「莊周式的平等」為一不求平等的平等，經由這兩項原理的交互運用，吾人生命之種種問題自可迎刃而解。

五、生命的有限與無限

面對客體世界，莊子極盡描繪之能事，乃因此發現有生之物在時間中的有限性：「吾生也有涯。」（〈養生主〉）「夏蟲不可以語於冰者，篤於時也。」（〈秋水〉）受時間的限制，是所有有生之物所以有生的主要條件。莊子同時發現空間對有生之物的種種限制：「井蛙不可以語於海者，拘於虛也。」（〈秋水〉）「吾在於天地之間，猶小石小木之在大山也。」（〈秋水〉）吾人生命「受氣於陰陽」（〈秋水〉），陰陽之能在天地間形成生命之各種結構，有形之生命實乃時空中無數條件之組合。

諸多有生之物皆在時空的有限性中力圖生存，並試圖轉有限為無限，這在精神生命中已成為一種理想的特質。再大的空間再長的時間也是有限的，無限其實已超乎數量，而須由生命之精神大能予以體現。就物之有限性而言，物物自有同等之地位，這是平等的起點之一，而就道之無限性而言，一切之有限性並無究竟實存之意義，如此，參透道的無限性，可逐漸達到物物一如的境界，物物之關係終不再為有限性所左右。一切的對立皆來自有限性，無限與有限之間並無相互倚恃的對立性，無限包涵有限，無限化解有限，有限之物因對應於「無限」而可澈底了然其性分，所謂「性分」是指有限之物之種種生存條件。故觀照「無限」的修養工夫，便是為了使人不至於為自身之有限性所困。莊子在認識過程中的種種否定皆因有限性而起，在知道行道的歷程中，各種思慮及各種語言皆具有限性，須一一化除之，人生的弔詭在此，生命超脫解放的契機亦在此。如何經由對有限世界的否定，以邁向無限的道，以作永無止息的生命超越，是吾人生存的基本課題，吾人「生活世界」的總相與意義即在此。

對立造成有限性，絕對展現無限性。吾人有限的心名「成心」，如何由成心轉為道心，即如何「轉識成智」，透過生命之有限性以達到解除一切生命桎梏的無限之境——無何有之鄉，乃莊子最強烈的存在體驗。因此，對於吾人之生存於有限世界，並不必有過度的悲憐，此一有限之世界（包括吾人有限之身心）其實為吾人修道之場，所謂「借假修真」，即以有限作為躍向無限的跳板，生命因有「有限性」而有其發揮生命力的各種機會，有限性使「無限」成為吾心最主要的可欲對象。莊子之所以入世不溺世，出世不厭世，因他已了解有限與無限之間存在著無數足以轉化成生命內涵的精神元素。故生命之由有限到無限的超升歷程，即是一生命不斷精神化的歷程，神人之所以「物莫之傷」（〈逍遙遊〉），所以不肯「以物為事」（〈逍遙遊〉），因其已逐漸脫離生命之物質範疇，故莊子以神名人，而神人仍是人，仍「旁礴萬物以為一世蘄乎亂」（〈逍遙遊〉），因精神不棄物質，無限不壞有限，得道成德，出世足以治世化世。由此可見，莊子成就高度之精神生命，能否統合無限與有限乃其成敗之關鍵。

六、生命的有待與無待

這是〈逍遙遊〉的基本課題。支道林注〈逍遙遊〉云：「物物而不物於物。」[13]為無待的境界作了最佳的詮釋。無待是自由的先決條件，亦生命共同之企望，唯從有待向無待，生命之自主性才能逐漸實現。然森羅萬象中，物物有所待，處處有所待，時時有所待，而最嚴重的「有待」是「自以為是」、「自恃己能」的自傲與我慢。如何放捨對生命之自我繫縛，成為莊子修養論的主要課題。在此，莊子運用清明之理性，以整理物物之關係，使物物在相待的關係中認清自身之位置，而當關係因相待而相結合，終成一無窮

13見郭慶藩輯《莊子集釋》，河洛圖書出版社，民國六十三年臺景印一版，第一頁。

的生命網絡之際，物物皆將因置身於此一無窮網絡中，而獲致「無所待」的生命意義，此時物物之一已具物物之多，物物相融，是即無待之寫照。物物彼此相待雖造成物物彼此相對之限度，但也由於物物彼此相待，使「有所待」得以藉此一相互之關係（即關係之相互性）返照自身，而在關係的無窮系統中打開屬於自我生命之道路，以逐漸走出相待之境，邁向無待之境，無待一無待，而終於實現生命真實之獨立，生命之獨立性須以無待之境為實存之基礎，然無待之境其實已無境可言，而依於道，入於道，其實已無所依，無所入，莊子由此體現生命真相並展現生命氣象。

〈田子方〉云：「日出東方而入於西極，萬物莫不比方，有目有趾者，待是而後成功，是出則存，是入則亡。萬物亦然，有待也而死，有待也而生。」生死是自然之命定，此一命定只有在「有待」的相對關係中有其相對之意義，而不可予以絕對化，更不可將其變造成對生命的一種宰制。生死相待，因相待而有生有死，有死有生，這是有生之物所有「有待」之關係的總結現象，因它是有待的，所以「死」並無究極性，與死對待的「生」也無究極性。莊子追求的真生命超乎有待之生、有待之死，就道而言，是無所謂「生」，無所謂「死」的；通過生死，不生而生，生而不生；不死而死，死而不死。如此經由生命之循環，邁向不死不生的道境，是為生命之真無待、真獨立。「假於異物，託於同體；忘其肝膽，遺其耳目；反覆終始，不知端倪；芒然彷徨乎塵垢之外，逍遙乎無為之業。」（〈大宗師〉）面對「有待」，吾人應忘之遺之，即超越之，至於「彷徨乎塵垢之外」，則已超乎有待，逍遙因無待而逍遙，無為因無待而無為，莊子生命的解放乃是對「有待」的解放，莊子生命的超升乃在向「無待」作無盡的超升。

七、生命的變與不變

生命因變化而有死有生，也因變化而有始有終；反之，「有死有生」是生命最大的變化，「有始有終」使變化繼續不斷。從「生命就是變易」的觀點看來，我們不能不正視生命的變化現象[14]。莊子不僅不逃避生命變化的問題，且勇敢地面對它，冷靜地處理它，並追究出變化的根由，面對妻子之死，莊子在慨然之餘，作了理性的澈底的考察：「察

14 羅光強調整個宇宙在變易之中，變易使萬物化生，而萬有內在之動與本體有關，乃是生命之動，因此提出「生命就是變易」的看法。參見羅光《生命哲學》，臺灣學生書局，民國七十七年修訂再版，第三八－一一二頁。

其始而本無生，非徒無生也而本無形，非徒無形也而本無氣。雜乎芒芴之間，變而有氣，氣變而有形，形變而有生，今又變而之死，是相與為春秋冬夏四時行也。」（〈至樂〉）如此由變追溯至不變，再由不變以至於死之大變，其間有分明的變化階段：一、無生無形，二、變而有氣，三、變而有形，四、變而有生，五、變而之死。如此變化，乃是循環往復的，而變化之主要元素為「氣」。了解了變與不變的一貫之理，即了解了「命」；不了解變化之所由起，死亡之所由來，即「不通乎命」（〈至樂〉）。可以說，莊子以變化形成命運，故人之生死大變與自然宇宙之變化是同一軌則的。而且，變化無所不在，無時不在，「無動而不變，無時而不移」（〈秋水〉）則簡明地道出生命之動乃變化之動，在時空之中，物物無所不變，生命無時不變。

就道而言，有生之物的變化與無生之物的變化是同性質的。莊子注重的是變化運轉的軌道，及變與不變之間周而復始的循環性。變化之象起自不變之道，變與不變之間，似已超出吾人認知的範圍，故莊子云：「萬物皆化，芒乎芴乎，而無從出乎，芴乎芒乎，而無有象乎！」（〈至樂〉）變化的奧妙即是道的奧妙，變化至極，一切復歸於無物，乃是「無狀之狀，無物之象」（《老子》第十四章），唯知「道」者能知變化之理、變化之道及變化之因。在不知「道」的情況下，吾人只能知變化之象、變化之跡及變化之果。可以說，一切之變化不離不變之道；而無變化之內涵，道之所以不變的真義將無由透顯。

不過，莊子意謂的生命的變化不是生命關係的滅裂，而是生命關係的衍生；不是生命關係的糾纏，而是生命關係的擴展。滅裂、糾纏是表象；衍生、擴展是實相。主導變化的生命的有機性，即在表象與實相之間有出有入，甚而出入無礙。生命是在變化之中，展現變而不變的實相。莊子的道乃透過在萬物之中所發生的種種變化，而示現其一貫性。就萬物與道的關係而言，萬物的變化有其同質性，同質性的變化可以互通交易，而不必牽就各自互異之內涵，故莊子乃敢大膽斷言：「萬物皆出於機，皆入於機。」（〈至樂〉）又云：「萬物皆種也，以不同形相禪，始卒若環，莫得其倫，是謂天均。」（〈寓言〉）成玄英疏解「機」云：「機者發動，所謂造化也。」[15]萬物之變化來自天地的造化，天地的造化由道而行，此一變化的歷程是循環的。從表面或局部看來，萬物的變化有始有終，有一定的持續的時間及影響的範圍，然就萬物的實質或全面而言，其變化則無始無終，至少吾人不知其始，不知其終；且交互作用，彼此影響，其深廣的程度已非吾人所能測度。如此之變化維持了天地的有機性、和諧性及一體性。

15 同13，第六二九頁。

知識的有限性及相對性亦與變化息息相關。一方面，作為認知對象的外在事物不斷在變化，此一變化是自然現象的變化，天運地轉，物物新陳代謝，終而復始，始而又終，因此我們往往只看到局部的變化、表面的變化，而無法徹見變化之根本與總相，如此便構成吾人認知的障礙。另一方面，我們的認知心也不斷在變化遷流之中，所謂「日夜相代乎前，而莫知其所萌」（〈齊物論〉），不僅指物物遷變的外在世界，同時也指念念流轉的內心世界。心念既已不定，情欲便如薪火交加，如此，該如何保住理性主體於不亂，以進行清明的認知活動，實是一艱難課題。

莊子從本體論談變化，從宇宙論談變化，也從認識論談變化，而三者統歸於道。道自身不變，可變的是氣。氣通貫有生與無生，無生之氣是物能，有生之氣是生命的精神。故吾人所最須堅持的是生命精神的大變化，此一大變化是在生命流變的現象中堅守不變的生命原則，在不變的生命大道中力圖生命之真實變革以保生命之恆新。變中的不變指向道體及道的本質意義，不變中的變則涵蓋道用的全部範疇及生命的全部內涵，前者突顯絕對之有，後者突顯相對之有，莊子試圖將兩者合而為一，以兼顧道之體用，以包含變與不變的全體。

八、生命的對立與和諧

生命的對立源自生命的有限性，而對立的有限性由造化生命的兩股力量——陰與陽所構成。莊子在〈內篇〉中少談陰陽，但在〈外〉〈雜〉篇中則屢見不鮮：

陰陽者；氣之大者也。（〈則陽〉）

至陰肅肅，至陽赫赫；肅肅出乎天，赫赫發乎地；兩者交通成和而物生焉。（〈田子方〉）

一清一濁，陰陽調和。（〈天運〉）

知天樂者，其生也天行，其死也物化。靜而與陰同德，動而與陽同波。（〈天道〉）

這可能是由於〈外〉〈雜〉篇寫作的年代盛行陰陽之說的緣故，亦可見莊子哲學與大易哲學之間有著十分深遠而微妙的關係。陰陽之說，可用來說明生命體的現實性結構，生命體的諸多對立之狀態，其根本原因即在陰陽之對立與調和的不斷運作。陰陽不只是物質性的力量，也是形成吾人心理狀態的基本成素。陰陽不調，亦可能導致心神之病。莊子謂：「事若成，則必有陰陽之患。」（〈人間世〉）陰陽之患指的是生理之疾，莊子又云：「近死之心，莫使復陽也。」（〈齊物論〉）此「陽」則指精神生命之生機，可見陰陽對吾人生理及心理皆可發揮其調整之作用，亦可見吾人整個生命體乃處在陰陽大能之中。李震在《中外形上學比較研究》一書中提出他對陰陽的看法：「陰陽的相感相應，彼此正反的激盪，是根本律則，其所涉及的範圍包括自然、生理、心理和人事種種現象。」[16]就莊子哲學而言，陰陽的意義主要在於對宇宙自然現象的詮釋，宇宙自然的變化就在陰陽對立的勢力範圍內。

陰陽的相感相應，最後終歸於和諧，「天地雖大，其化均也。」（〈天地〉）「陰陽四時，運行各得其序。」（〈知北遊〉）「化均」是指自然世界的和諧，此和諧之狀態建立在「運行各得其序」的自然秩序上。在人文世界中，亦以和諧為吾人精神生命最高之目標。莊子的認識論歸旨於齊同異，泯是非，兩行而無礙，恰似天地陰陽兩極，雖對立而相反相成。至於莊子的道德修養，其最高境界在人與天合，與萬物為一，所謂「萬物一府，

16見李震《中外形上學比較研究》（上），中央文物供應社，民國七十一年出版，第四八頁。

死生同狀。」（〈天地〉）而道德與天地可以相通，「通於天地者，德也。」（〈天地〉）「德兼於道，道兼於天。」（〈天地〉）通於天地，即以自然之和諧精神為其道德之精神，「天」為大和諧之全體，其中，自然與人文之間並無任何阻隔。〈則陽〉云：「萬物殊理，道不私。」道一理殊，道同理異，道包含萬物之殊理，即以和諧之精神包容一切，這是體用合一的和諧、物我無殊的和諧、生命歷程自始至終一貫以成的和諧。如此的和諧可稱之為「動態的和諧」，注重的是正反相成，是非兩行等創造和諧的過程，而不特別突顯靜定的終點與固定的結果。莊子同等重視理一與分殊，亟求事理無礙，以保持生命的一體性，以發揚生命的創造性。可以說，創造唯在和諧中能進行，唯經由創造，和諧才能繼續維持下去。

〈天道〉云：「夫明白於天地之德者，此之謂大本大宗，與天和者也；所以均調天下，與人和者也。與人和者，謂之人樂；與天和者，謂之天樂。」天地之德是終由對立的和諧所造就成的，其中有不可亂的秩序及不可破壞的種種關係，天地之大美即在其中，故和諧乃人生美感之泉源。

以有機之關係化解物物之對立，使一切之關係成為兩兩對立之關係，兩兩對立，平等對待，如此交感相應，和諧自然而生。

九、生命的差異與統一

莊子屢次談到萬物的統一，「天地一指，萬物一馬。」（〈齊物論〉）「萬物雖多，其治一也。」（〈天地〉）「故萬物一也，是其所美者為神奇，其所惡者為臭腐；臭腐復化為神奇，神奇復化為臭腐。故曰：『通天下一氣耳。』聖人故貴一。」（〈知北遊〉）如此重視「一」的精神，和老子「天得一以清，地得一以寧，神得一以靈，谷得一以盈，萬物得一以生，侯王得一以為天下貞。」（《老子》第三十九章）有同樣的哲理意涵。老子認為「一」為道所生，《老子》第四十二章云：「道生一，一生二，二生三，三生萬物。」王弼注云：「萬物萬形，其歸一也。何由致一？由於無也，由無乃一，一可謂無。」[17]道之為有，其實已不一，而入於多的狀態，而道之為無，尚處不生之境，「無」使道成為「一」，故「道生一」之生其實不生，乃不生之生，生亦不生，此生和「一生二」之生是有所分別的。「一」顯示道之為第一原理，道統天地為一、萬物為一；因道為一，故道能

17見《老子》（四部備要本），臺灣中華書局，民國六十九年臺九版，第五二頁。

遍在萬物，使萬物之多終歸於一，而道依然為一。莊子貴一，以一治多，以一治萬物，以一治天下，乃其道論的終極意義。

生命的統一來自道，就道體而言，道是一不是二，甚至連「一」都不可說。故就生命自身而言，生命是一，無數生命乃無數之一，而合無數之一，其實仍為一。「道通為一」（〈齊物論〉），不僅是認識論的基本法則，也是生命統一的基本原理。萬物因道而相通，因道而合一，生命之精神與力量便於「一」中淋漓而出，揮灑自如，如此即可進於與道冥合的境界，本體之一與末用之多，即理之一與事之多，原本是一不是二，「通於一而萬事畢，無心得而鬼神服」（〈天地〉），因一而通，因通而畢萬事為一，亦因一而無心，心入於道，故心為「無」所化，精神的變化意義在此。因此，莊子「天地與我並生，而萬物與我為一」並不只是一般性的存在感受，而是生命真實而究竟的至高成就。生命的差異如前述，來自生命的有限性，而生命的變化使得生命的差異性、殊多性無可計量。差異形成物量物數，〈則陽〉云：「今計物之數，不止於萬。」面對此一客觀事實所造成的認知上的難題，莊子以生命的統一觀予以化解，他以生命之同統生命之異，而同不害異，異不害同，同異形成一無窮的生命系統，故知識之是非亦各自形成一無窮的系統。若強求知識之同（同是同非），則必造成主觀專斷的錯誤，而無視於生命存在之真實狀態，「自其異者視之，肝膽楚越也；自其同者視之，萬物皆一也。」如此任萬物同，任萬物異，終於萬物畢同萬物畢異，畢同是一，畢異是無數之一，而就各自為一的基點而言，無數之一皆在道之為一的原理中，並不礙道之為一及無數之一之為無數之一。莊子因而解除了同異可能肇致的知識困境與生命危機。道之為同，物之為異，亦可經由言默互動的關係予以調和：「言而足，則終日言而盡道；言而不足，則終日言而盡物。道物之極，言默不足以載；非言非默，議其有極。」（〈則陽〉）盡道即盡同，盡同則言同；盡物即盡異，盡異則言異。言之有異有同，終為「非言非默」的最高境界所完全消融，「道物之極」使物之同異全入於道，言默互動終至於默而不言，雖言亦默，如此與物同理，與道同趣，是為生命之大同。

〈庚桑楚〉云：「天門者，無有也，萬物出乎無有。」此「天門」等於老子之「眾妙之門」（《老子》第一章）萬物同出無有，此同為萬物根本之同。眾妙指萬物互殊之有，萬物之有因互殊而妙，王弼注「眾妙之門」云：「眾妙皆從同而出，故曰眾妙之門也。」[18]萬物之異從同而出，即道之大同成就萬物之小異，道化生萬物的奧理由此同異之

18 同上，第二頁。

關係可見端倪。道之為一使各生命體皆為一，小生命是小一，大生命是大一，大生命體從小生命發展而來。小一不妨大一，大一不壞小一，生命的統一性是可經由大一與小一的精神往來，得以在各生命體中逐步地具體實現。

〈逍遙遊〉說神人之德，將「旁礴萬物以為一世蘄乎亂」，神人之生命已與道合，故能體化合變，以無心應世，而成其大德，大德即其旁礴萬物包羅萬象的生命精神，此生命精神使萬物形成一大生命之統一場。莊子以統一包容差異，統一之精神使差異性並行共存，生命之範疇因此擴大，生命之境界因此提升，而生命之精神終成為「精神之精神」，在此精神上揚歷程中的生命乃是「生命之生命」，得道在得此精神之生命，在體現此生命之精神，吾身不過是「天地之委形」（〈知北遊〉），吾人以此大生命，足以「體盡無窮，而遊無朕；盡其所受乎天，而無見得，亦虛而已。」（〈應帝王〉）化異為同，化實為虛，化物質為精神，吾人之生命乃由小向大，而入於無窮之領域，而回歸自然之境地。這是莊子生命形上學的終極目標，其重視差異，思考差異，包容差異的作風，更是一值得吾人深思的精神特色[19]。

---

19 海德格（Heidegger）認為西方形上思想依託於差異，而差異本身卻未嘗被思考，此一困難在於語言。

十、生命的整體性、相連性與一致性

莊子生命哲學的形上意義，可以生命的整體性、相連性及一致性作總結。生命的整體性包括生命變化的互通性、生命關係的相連性及生命本元的一致性。生命本元為道之一、氣之一，故相連性與一致性皆來自生命之整體性，生命之整體性又來自道的獨立性及遍在性。道之獨立性使萬物皆具相當程度的獨立性，亦即相當程度的完整性，此為小一；而道之遍在性使萬物集合成一整體，此為大一。天地乃萬物的集合體，亦即道所活動的存在範疇，故天地的完整性十分顯著，萬物之完整性即由分享天地之完整性而來，「以天地為大鑪，以造化為大冶。」（〈大宗師〉）人與萬物皆在天地造化之中，無能自行

莊子的形上思想則未嘗出現此一困難，其獨特之語言所助成之思考方式確實使其形上學不至於被語言所限，這在〈齊物論〉及〈秋水〉裡有淋漓盡致的具體表現。有關海德格的主張參見海氏所著《同一與差異》(*Identität und Differenz*)，沈清松在其《現代哲學論衡》一書的第九章〈海德格的存有哲學〉（第二三一－二五六頁）有簡要的評介。

脫逸而出，或自行割裂與其他生命體之關係。

羅光認為儒家的精神意義有三：一、生命的相連，二、生命的調協，三、生命的互助[20]。在莊子生命哲學中，這三項精神意義往往結合為一，以成其生命精神之一體性、完整性；若析解之，則以前二項的意義較著。各生命體既已相連而彼此調協，是不必再著意於互助互惠，如魚相忘江湖，各生命體在大生命的完整性中有其足以獨立自在的完整性，彼此互不干擾，互不妨礙，自然而生，自然而死，故「性不可易，命不可變，時不可止，道不可壅。苟得其道，無自而不可；失焉者，無自而可。」（〈天運〉）各自得道，各自成性，各自安命，以順時應變，這未嘗不是另一種型態的互助，更可說是一種較有效較完全的互助。

在渾然為一的實相中，生命自可達到〈大宗師〉：「彼方且與造物者為人，而遊乎天地之一氣。」的精神境界。至此，生命的有機性自然流露，臭腐化為神奇，神奇復化為臭腐。如此生命的發展自能在平等的基礎上，自由運動其生命力量，以化有限為無限，

---

20 參見羅光《儒家生命哲學的形上和精神意義》，私立輔仁大學出版社，民國六十九年初版，第五一九頁。

以轉有待為無待，此即生命的變化在不變的道中，化生命的對立成和諧，化生命的差異成統一。如此生命因和諧而相連，因統一而成一大生命體，其中各生命體乃得以具現其得自道的一致性，各種生命歷程於是殊途而同歸，同歸於道。道是生命發展最高的法則，道是莊子生命哲學最高的形上原理。

以上所論，為莊子生命之特質，它們本是一體相關的，彼此之間相互融貫，而合成莊子生命之全部內涵。為了論述的方便，暫且將它們橫列開來，其實在莊子磅礡的生命精神中，它們互出互入，循環往復，展現了莊子生命的高度的形上意義。在此，尚有幾個重點，必須加以說明：

1. 莊子的生命發生說大體沿襲老子「道生一，一生二，二生三，三生萬物。」（《老子》第四十二章）及「天下萬物生於有，有生於無。」（《老子》第四十章）的「道生之論」。然而，為了更清楚地解說個別生命體之形成因，莊子十分重視「氣」在萬物的作用，這是萬物直接的生成之因，「萬物負陰而抱陽，沖氣以為和。」（《老子》第四十二章）莊子雖不多論陰陽，但對「沖氣以為和」的和合而生之道，則始終堅持。莊子重視生命之形成甚於生命之起源，生命之形成全在生命之變化，而生命之變化由氣之和合而來。所謂「雜乎芒芴之間，變而有氣，氣變而有形」（〈至樂〉），是因氣而變化，也是因變化而有氣。故生命之「養其氣」（〈達生〉）乃旨在順合生命變化之道，性德之合一，即源於此，故可說：生命之特質全由氣變化而生；生命特質之融貫、統合，亦由氣之變化而成。莊子綜合「道生之論」與「氣化之說」，以建立其生命歷程觀，乃其思想之一大特色。

莊子的氣，可析分為二種：第一種是「通天下一氣」之氣，這是氣之為一者。道之為一由此氣之為一作具體之呈顯，物物之合，生命之本體之合，皆因此「一氣」而合。第二種是陰陽之氣，所謂「天氣」、「地氣」、「六氣」皆是陰陽之氣，這是物物存在的基本元素，物物因分而合，因變化而互通，皆由於此氣之為二者，氣之為二乃萬物之對立性之根源。生命的不變性由第一種氣顯現，而生命的變化則由第二種氣發動。一而二，二而一；氣之為一不妨氣之為二，氣之為二亦不妨氣之為一，故生命的有限與無限、有待與無待、變與不變、對立與和諧、差異與統一，皆可經由氣之化生與流行，或一時合成之，或逐漸消解之。

2.生命之諸多特質以自然自主、機體主義及生命發展等三項為最根本。而生命平等、自由之精神，即以此三項生命特質為基礎。這三項生命特質之間具有密切的相關性，機體主義的形上意涵建立於自然自主之生命之上，生命之發展乃有機之發展；生命所以能自然而自主，因生命之有機性一直在氣的大通的作用中，故生命之發展即生命自然之發展，生命發展之目的在實現生命自主的理想。

3.生命的特質與生命循環往復之道息息相關。因生命之道循環往復，故生命的特質不僅不妨生命一體之總相，且足以助成各生命體之自我實現。各生命特質所以能共同體現生命之意義，亦是因為循環往復之道開展了生命的旁通與生命的統貫，旁通而統貫，特質乃相融，意義乃相生，生命乃相成。

4.所謂「實存」是指存有的真實內涵。道與氣皆有其實存，於是生命乃有其實存。生命的特質須以生之實存為成立之本原。若一味強調道為生命之原理，甚在生命之外談原理，則無生命內涵之理，已離生生之德，它和莊子道氣同源的生命一元論，並無多少相涉。

5.所謂「心之機體主義」，乃是為了指明精神為一大機體，而心之虛靈旨在成全生命之一體性，故心為精神機體與生命機體之中心。

第七章 生命的道論與宇宙論

詮定了莊子生命的特質之後，當進一步解說莊子生命特質的形上基礎——道，而莊子的道與宇宙是一體的，他以此一體性建立了生命的一體性。

莊子的道是宇宙生成的普遍原理，也是宇宙存在的基本範疇。道統合宇宙之一切，乃統一宇宙全體之統一原理。也可以說，道是所有生命體系之體系，所有生命原則之原則。莊子是透過生命哲學，不斷地體驗道的意義，並以道的意義建立其生命哲學，故他肯定人能知道明道入於道。道的意義和生命的意義可以合而為一，因為道是使生命與宇宙化合統合的唯一原理；無論就事相或理性看來，一切生命皆在道中開展、完成，而逐漸上達於生命與道合一的絕對的境界。道之為形上實體，並不妨道之為生命之生成原理。就道之為形上實體，生命之「絕對」有其形上之真實性；而就道之為生成原理，生命須在宇宙的範疇內，不斷進行其體現形上之真實性的發展歷程。道是以這兩個形上理則，使生命與道合一，故生命之與道合一乃在形上與形下之間，而達成超越性的統合。「泰初有無，無有無名；一之所起，有一而未形。」（〈天地〉）道之為一起於道之為無，這是宇宇宙萬物的創生，「一」顯示道作為創生原理的統一性與獨立性。莊子接著又說：「物得以生，謂之德；未形者有分，且然無間，謂之命；留動而生物，物成生理，謂之形；形體保神，各有儀則，謂之性。性修反德，德至同於初。」（〈天地〉）物得道而生，有生而有分，「分」是指生命真實之內涵，而生命之內涵有其流通性、一貫性及持續性，這就是「命」。生而有命，命使生之道、生之力能作具體的展現與發揮。如此，便有物理、物形、物性，而這些都在生命的原則中，皆有生命之精神與之同在。最後，一切之生命終又回到生命的起點，即回返天地未生未形的道的境界。經德返道，皆在生命的發展歷程中。故生命的發展歷程即道的歷程，可見生命與道的合一，乃歷程的合一，而非本體意義的合一；是在動中合一，在存在的狀態中合一，並不是以靜定的本質作某一方向或某一層面的契合。故在顯示道的超越性的同時，對於在形上與形下之間進行的生命的統合與完成，仍須以趨向合一的歷程觀看待之，生命之本性亦須經由生命之歷程以顯發其真實之意義。莊子人性論與道論的關係，即在此歷程觀中。

道的第一義是道的獨立性，即自本自根性，「自本自根，未有天地，自古以固存。」（〈大宗師〉）道以自身為基礎，以自身為根源，道乃成為一切事物之存在根源。道的獨立性，即來自道之為無限實體。莊子是透過道之獨立性來證明道為無限之實體。在此，

「實體」之意義乃旨在顯示道之先在性、超越性及獨立性，並以透露道之無限存有之內涵。〈知北遊〉云：「有先天地生者物邪；物物者非物。物出不得先物也，猶其有物也。猶其有物也，無已。」道不是物，而是「物物者」——使物成為物者。此處除了說明道先在於物的獨立性外，也顯示了道創生萬物的創生性，而道自身的無限性使道之創生成為無限之創生，無限之創生使道所創生之物有獨立於道之無限性中之可能。道與物之間，並無物與物間之「分際」，由此可見道統合萬物之統合性，此統合性在道亦在物，故統合性同時具有遍在性，道之所以能內在於萬物，與其統合性有直接之關係。

由道之獨立性、先在性、統合性，便可見道之不變性，莊子謂之「常」，此「常」襲自老子。「復命曰常」（《老子》第十六章），性命之常即是道，道為性命不變之理，此不變之理即道之為一，亦即道之為常。

> 以道德為主，以無為為常。（〈天道〉）
>
> 莫之為而常自然。（〈繕性〉）
>
> 建之以常無有。（〈天下〉）

「常」顯示道為自然變化之理，物因自然而變化，以無為而有為，「自然」與「無為」皆是「常」，皆顯示道的不變性，而道的不變性以「無有」為體，因「無有」而常，因「有」而有所不常，常與不常皆在道的歷程中，在以道為原理的生命歷程中，變終歸於不變，而不變性使變化永不離道。道以「常」之不變性，顯示道不因其遍在於宇宙生命中而喪失其獨立性與先在性，故萬物之自化，變而不變，趨多復歸一，皆因有道之為「大一」。可以說，超絕、獨立之道為莊子統合其道論與宇宙論之基本原理。

道論與宇宙論的統合是莊子形上學的一大特色。莊子的宇宙是由道生成，有道遍在的宇宙，而莊子的道，其主要意義即在生成宇宙，並使宇宙之發展依循道，而終回歸道。我們可以作如此之泛論：莊子建立其形上學，以道為基礎，以道為內涵，以道為主體，以道為中樞，以道為終極。而道之作為一切存在一切生命之形上基礎、形上內涵、形上主體、形上中樞及形上之終極，則各展現其不同之意義型態。可以說，道貫注於所有的存在與價值之階層，而使各存在階層形成一存在系統，各價值階層形成一價值系統，這兩個系統又合成一大系統，即生命之大系統。莊子是以生命系統接合形上世界與形下世界，而由道所生發的意義系統作支柱；並透過生命意義的鑑察，對整個存在世界進行了解、體驗與整合。

在此，我們可以從四方面來考察道與宇宙的統合，為莊子的道論與宇宙論尋求全面契合的可能，並以建立莊子生命哲學的形上基礎。

一、道的實存性與自然的宇宙

有無之辨，不僅涉及莊子的認知論，也是莊子的本體論與宇宙論的基本課題。莊子顯然是以「無無」取消有無之間的對立義。〈知北遊〉云：「予能有無矣，而未能無無也，及為無有矣，何從至此哉！」莊子以「無」化「有」，又以「無無」化「無」（「無有」），羅光認為「無無」是認識方面的「無無」，而不在本體論[1]。不過，「無無」足以透顯道之為「絕對之有」的意義。而〈天地〉云：「泰初有無，無有無名。」亦可改讀為「泰初有無無，有無名。」無其所無，則「無」亦無可名。這是結合莊子超越的認識論與超越的本體論所獲致的「超越的概念」，已非一般之概念。

「有無」之「有」如何是一種「有」？「有無無」之「有」又如何能超越「無有無

1 參見羅光《中國哲學思想史・先秦篇》，臺灣學生書局，民國七十一年增訂重版，第七九七頁。

名」之「無」？在此，吾人必須肯定：「無」及「無無」（其實，此「無」可不斷地推上去，但這不是概念的繁衍，而是思想的超越。）皆指向超越的本體。以本體的超越性開出一條思想的超越之路，吾人才能從有至無，從無再至無無，而作無窮盡的生命超越；如此，本體的超越、思想的超越與生命的超越，三者同時進行，且同一進路。

〈庚桑楚〉云：「天門者，無有也，萬物出乎無有。」又云：「無有一無有，聖人藏乎是。」萬物之有出乎無有，而無有無可有，因其「無可有」而「無可不有」，這除了說明道之為「無有」的創生義外，也顯示道之以潛能之狀態含藏萬有的特性。故道不是空無之「無」，不是虛境之「虛」，道富有創造性的生之意義，此創生義來自道的超越的實存性：「夫道，有情有信，無為無形；可傳而不可受，可得而不可見。」（〈大宗師〉）因道有情有信而可傳可得，「有情有信」指道的豐富的實存性，「有情」指道自身之絕對之有，「有信」則指此絕對之有有其超越屬性，萬物之有即得自此；但相對之有並非分受絕對之有，而是絕對之有經由創生的原理，創生相對之有，使相對之有得以顯發「有」之真實內涵，並繼續以其創生性表現道的創生性。

〈天地〉云：「道兼於天」，與老子「道法自然」之義相近。道的實存性使天地有其「自然之有」，天地即因「自然之有」而有其有，故可說：宇宙的實存性來自道的實存性。〈庚桑楚〉云：「有實而無乎處者，宇也；有長而無本剽者，宙也。」「有實有長」指宇宙時空的實存性，此實存之內涵是無限的、無始無終的，雖可落於時空之中，但其實存性則有其超越性。超乎時空的實存性使時空的實存性能為一切存在物提供存在之基礎，也為一切有生之物提供存活之道，故宇宙必在道的實存性中，以成其自然自生自化的實存性。唯在自然自生自化的意義之下，我們才能說宇宙因道而有其實質之存在，生命因道而有其具體的內涵。

萬物以其自然之性得道無為無私的實存性。物因莫之為而常自然，「莫之為」乃由道自為，由道創生，故能得道之全。道以其全面性、整體性運生萬物，萬物亦須以其全面性、整體性回應之。「遊心於淡，合氣於漠，順物自然而無容私焉。」（〈應帝王〉）「無容私」其實「無所不容」，生命之內涵乃等於道之內涵。「真者所以受於天也，自然不可易也，故聖人法天貴真。」（〈漁父〉）道的實存性是不變的，但萬物則以其「受於天」的變化能力得道，得道者，得道之真實內涵，故萬物因皆得道而皆真，此即物性之真，物之為物，即在此真實之物性。道真而物真，此一貫之道乃道的具體作用所依循的途徑，道由此表現其絕對而無限的實存內涵。

二、道的無限性與無限的宇宙

道的獨立性確立了道超乎時空的無限性。「在太極之先而不為高，在太極之下而不為深；先天地生而不為久，長於上古而不為老。」（〈大宗師〉）空間的無限性與時間的永恆性乃由道的無限性與永恆性作直接的具現，故宇宙之真相究與道之真相無殊。「道未始有封」（〈齊物論〉）是指道超越任何的相對性與有限性。就認識論而言，吾人所形成的「有限性」之概念，乃吾人成心所現。若能化成心為道心，則見無所見，知無所知，一切的有限性便在與道契合的廣大心靈中完全消失。郭象注云：「夫自任者對物，而順物者與物無對。」[2]自任對物，乃產生相對性，因相對而有限，亦因有限而相對，兩者是互相糾結的。「順物」即順合物在無限宇宙中的自然變化，既化於無限之中，一切之對立性自然化消，故能「與物無對」，物物無對，乃同入於與物無對的道中，以「無對」解「絕對」，兼顧了道的超絕型態與超越型態。

2見郭慶藩輯《莊子集釋》，河洛圖書出版社，民國六十三年臺景印一版，第二四頁。

〈天運〉云：「順之以天理」，此天理為「生天生地」（〈大宗師〉）之理，指的就是道。道生天生地，乃成其所以為道，道所生之天地為無限之天地，天地的無限性由天地超越形相的創造性，再經由無窮的變化表現出來。道為無限之理，亦即無限的創造性範疇，故透過道的無限的創造作用，吾人可立即將道的無限性與宇宙的無限性合而為一。

在此，吾人須有所辨明：所謂的「生」不只是一種特性。「生」若只與有限之物有關，則生命將被截頭去尾，無本亦無末。莊子看待生命是本末兼顧的，對生命的有限與無限、相對與絕對，莊子以道統合之。空間的無限性並不取消生命的一體性，而反助成之；時間的無窮性並不取消生命的始終一貫性，而反助成之。生命以其精神之趨向無限時空，來確立其置身於現象的有限性中所獲致的生存價值。「生者，假借也，假之而生生者，塵垢也。死生為晝夜，且吾與子觀化而化及我，我又何惡焉？」（〈至樂〉）此即不離生命之有限性以入無限之道的生命態度。由此可見，生命之真實性乃是精神的，生命精神自有其無限性，故能以無限包涵有限，以無終始之道，任物有終始有死生，而死生不妨生命精神之恆常性。透過生命精神的恆常性，吾人可以發現：生命有其永恆之實相，有其超越之屬性，而不只具有有限之物的有限性。

就無限性而言，道與宇宙之合一是無法析分的。〈秋水〉云：「何以知天地之足以窮至大之域？」說吾人無法認知天地是無限的，並不是否認天地有其無限性，而是認為天地之大是否即是道之「至大」，並非憑藉「大小」的觀念所能得知，而「至大」與「至小」之間的關係，也不是吾人拘於數量的認知所能洞悉。「至大」與「至小」皆已入於無限性中，天地之形相又如何能以無限的數量，象徵無限的宇宙？這問題唯透過吾人對無限之道的密契的經驗才能得到解答。莊子肯定宇宙的無限性：「夫物，量無窮，時無止，分無常，終始無故。」（〈秋水〉）物量、物時、物分等皆一一化入無限之中，此即「至大之域」，亦即無限之道所展現的無限的存在範疇。故物化乃無窮的變化，無窮的變化使道的無限性與宇宙的無限性一時俱現。

三、道的遍在性與變化的宇宙

東郭子問道，莊子明言道的遍在性。「周遍咸三者異名同實，其指一也。」（〈知北遊〉）此「一指」指道在宇宙的遍在性，而遍在即內在。道遍在且內在於宇宙，似與道之超越性、獨立性有違，實則不然。透過莊子動態的宇宙生成歷程，吾人即可明白：道為變化原理而內在於宇宙，並不因此背離其超越性、獨立性及不變性。〈秋水〉云：「物之生也，若驟若馳，無動而不變，無時而不移。何為乎？何不為乎？夫固將自化。」以「自化」確立變化的真實意義，突顯了道的獨立自主性。物能依其本分而自行變化，乃因道為其變化之最高原理。在此，吾人不可落入自然現象中，而執持現象的變化，來和不變的本體對立。道的變與不變並不導致現象與本體的對立，在道超越而內在的屬性中，根本沒有所謂「本體」與「現象」的分野；一切之物皆自主，一切之物皆自現，可以說，一切之物皆具本體性，一切之物皆為「道之現象」。「通天下一氣」（〈知北遊〉）之「氣」與「道通為一」之「一」，乃是形上之氣，乃是形上之一，皆具超越性、獨立性及遍在性。莊子以此形上之一整合現象之多，以此形上之氣形成天下萬物，故自能完成其終歸大一的自化歷程。

〈德充符〉云：「審乎無假，而不與物遷；命物之化，而守其宗。」「無假」指生命之真，生命之真超越物之變化，而主導物之變化，是所謂「命物之化」，在變化之中，顯示道之不變義，故「守其宗」之「宗」即是道，乃生命之所本，亦變化之所本。因個體之物的個體性終將為遍在且內在於物的道所消融，故就道而言，物之變其實無可變者。變化的兩方面：自變與共變，皆在道的全體之中，故可互通。自變而共變，共變而自變。如此，萬物之秩序由道開展，道是萬物秩序之源。道是物之始，道是物之終，道是物物關係的大統合。此大統合由物物同化至於物物和諧，故道能「通天地之統，序萬物之性。」[3]

萬物有其變化之目的，其目的總歸於道，變化之目的性唯在道中可解。道乃「物之所自」，而「物之所自」無不在己，因道遍在且內在於物。故道之為目的，其實不具有牽引吾人意志的目的性。道如何內在於萬物，由萬物自身予以呈露。道之為存有之因，其普遍性與超越性是一體並存的。道因超越而普遍，亦因其普遍性而具體突顯其超越意義。故內在不妨超越，所謂「道超絕內外」，即內外一如、出入無礙之義。羅光云：「『道在萬物』，應該解釋為『氣在萬物』。」[4]他又認為：「氣是人的本體，是人存在的元素，是人生命的根基。」[5]道是以氣的型態內在於萬物，故超越之道與內在之道有其可分可合的形上意義，而莊子較重視兩者的合一，故以內在萬物之道確立「性」與「命」的意義。物性即物之所得於道者，即所謂的「德」，而命為與大化同在同進的「氣命」。命終歸於

3見郭慶藩輯《莊子集釋》所輯郭象〈莊子序〉。

4同1，第五〇五頁。

5同1，第五〇七頁。

性，再進於道，故莊子意欲將氣命轉為德命，透過精神生命之超化而知之安之化之，因此他和儒家由心而性而天，乃至於言心論性，而少談「氣命」，有所不同[6]。在此，他運用道的遍在性與宇宙的變化性合而為一的可能，將物物之相互決定（「氣命」即在此顯露）轉為互動的關係，互動由「天機之所動」（〈秋水〉）而來。如此，以共變助成自變，故「萬物無動而不逍遙也」[7]，物的變化使物得以逍遙，體化合變的意義在此，而欲追究變化的原因則必須超出變化的現象，至於以道為唯一之因。生命機體間種別的過渡、跳躍與突變，則使吾人無法對某一生命之變化作單一原因的解釋。至此，吾人當可肯定：

6 原始儒家本重心性與天命的一貫之關係，《中庸》云天命之謂性，性命乃是一體，然後來儒家似有據孟子盡心之說而側重心性之主體義的傾向，如唐君毅所言：「故孟子謂盡心即知性知天也，盡心即盡此心之自命自令，而行之，亦即就此心自命自令之時，所視為當然者而行之，此亦即盡此天之所命於我者，而立此命於我之生命存在之內也。」（見唐君毅《生命存在與心靈境界》下冊，第八七二—八七三頁。）如此闡釋盡心之說，是已將天之超越義下轉為內在義，將「命」的客體義化為主體義，至於氣命與德命的合一，則純由此心作主，純屬吾心內事，這和莊子透過氣命，以強調性命的客觀基礎，及透過天生之性，以發現吾心的形上意義，已有明顯的分野。

7 同3，第五九三頁。

莊子變化的宇宙本於遍在宇宙的道，而變化使萬物互通，因互通而化異成同，合同為一，是所謂「自其同者視之，萬物一也。」（〈德充符〉）萬物之同可以是小同，也可以是大同；而小同能進於大同，大同乃因道而同，是體用皆同，本末皆同，道的遍在性乃因此完全具現於物物相關的天地中。故可見物的變化不斷趨向兼體備用之存有，生命亦在存有的體用合一之中不斷進行其有機之變化。

四、道為生命之實現原理與有機的宇宙

莊子以道為生命之實現原理。〈大宗師〉云：「殺生者不死，生生者不生。」不死不生者即是道。道超越死生而使物有死生，道不死而殺物之生，道不生而生物之生，因為道如實呈顯萬物，道以物實為實，本身則處於虛靈之狀態。此無為而無不為之「生」非由一物引生另一物之生，乃是道在其超越的境界中的自我呈顯，亦即物在大通的意義中的自我完成。物物「始於玄冥」（〈秋水〉），玄冥即是道；物物「反於大通」（〈秋水〉），大通乃生機遍在的有機的宇宙。

道是天地萬物所以生的總原理[8]。道生成萬物，然此生成之功能並不限制道自身。

故道生萬物之生乃生其所生，生生不已；道除了「理」之內涵外，更有「生」之價值。若道有理而不生，則道將淪為與實際事物隔絕的理型。道「生天生地」，且先天地生，先天地生的先在性保證了生天生地的無限的創造性。道的生義具有「出」義，此「出」義確立了道為「天門」之義，這與老子「天下萬物生於有，有生於無。」（《老子》第四十章）同一義諦。

就生命自身而言，道之為實現原理，等同於「無心的創造」，無心的創造乃真實之創造。「無心」使創造具有純粹性及恆常性，一切之物乃不失落於道之外，而永在道之中，即永在創造之中，故道之創造性並無所謂「所造」與「被造」，可稱之為「自然的創造」[9]。凡有生之物皆有自我保存之本能，此一本能原是純為生命而來，本自無心，後來所以漸變成「有心」，乃因違離生命之道的緣故。實現生命的意義與價值，須經不斷的創造，而創造的目的在物性之自得，在物理之自成，即在實現物物自然之道。如此創造因

8 見馮友蘭《中國哲學史》（上），第二八〇頁。

9 懷德海將「創新」(Creativity) 列為究極範疇，而強調「自然的創進」。在此，筆者所以借用懷德海語，是為了顯示道的純粹的創造義，而道即是莊子存有論的究極範疇。

自然而無心，乃是第一義的創造，亦即形上意義的創造，道的創造性即生命的創造的創造性，創造即生命之實現，「自然的創造」創造自然而有機的宇宙。不創造，便將導致生命的沉淪。至於「人之生，氣之聚也；聚則為生，散則為死。」（〈知北遊〉）則已落入創造的第二義，乃屬形下意義的創造。第二義由第一義來，故謂道為生命之實現原理，須堅持其形上的第一義。

由無至有，道的創生永不拘執於物質原理中。純粹的創造不須假借物質，假借物質而創造而生成，是以有生有，已落入相對的關係中，而非絕對的創造[10]。創造的先在性及遍在性，使天地萬物生生不息，天地萬物因此普遍含攝生機。魚所以能相忘江湖，即因江湖遍佈足以令其相忘的生機；生機遍在，化消了有生之物彼此之對立。德通天地，道行萬物，「通於天者，道也；順於地者，德也。」（〈天地〉）「通」與「順」皆生命有機

10「絕對的創造」乃從無至有的創造，天主造生萬物，即是一種「絕對的創造」。多瑪斯云：「天主造生萬物，導引萬物由無入有。」又云：「天主是從無中造生萬有，不是從物質或原料中造生萬有。」參見多瑪斯《論萬物》（上），呂穆迪譯述，臺灣商務印書館，民國五十九年初版，第四〇頁。

之作用。道德所完成之生命精神遍在天地之間，乃轉天地為有機有生有理有趣的世界。天地萬物的生機即來自通天順地的道德力量，通天順地為道德的實現歷程。

創造的純粹性與無限性，則使萬物玄同彼我，「德至同於初，同乃虛，虛乃大。」〈天地〉物物因回歸創造之本源——道，而彼此大同。「小同」同於物之為末，「大同」同於道之為初。萬物之關係乃在虛靈狀態中自相對趨向絕對，而成其大全，這是宇宙有機性最高度的表現，是所謂「萬物一府，死生同狀。」至此，物無貴賤，因皆出入於平等生機之間。成中英云：「道是一種原理，由此原理，否定可以變為肯定，潛在的可以變為實際的，空無可以變為實有，一可以變為多。正由於道的否定性和潛在性，就創造和維持了每一肯定的和實在的事物。」[11] 道的否定性成就了道的肯定性，道的潛在性成就了道的實在性，皆是以「至無」成就「妙有」的實現歷程，宇宙遍在而永不匱乏的生機即由此普遍的實現原理而來。〈大宗師〉云：「藏天下於天下。」天下所以為自足之體，乃是因為道結合了創生之理與變化之理，而使生命精神得以完全具現，生命力量乃無處

[11] 見成中英〈中國哲學的特性〉一文，此文刊於《中國哲學思想論集・總論篇》，牧童出版社，民國六十六年再版。

不在。由此可見，各有生之物之為一機體，其主要意義即在於生命精神與力量的發揮，是為了自我之保存、保全，以及整個生命系統的究竟完成。故有機之生命不僅是一變化之生命，不僅是一個體之生命，更是一精神之生命、自有其目的之生命，生命之倫理即建基於此。否定生命之有機性與自我保全之能力，不僅違背生命之形上原理，而且將使生命之倫理意義落空。

第八章 齊物的生命認知論

對莊子的生命哲學作了總相的論述及橫向的分析，並闡析了其道論與宇宙論的關係，以及此一關係對其生命哲學的重大意義，筆者將接著以兩章的篇幅來整理《莊子》一書最重要的兩篇：〈逍遙遊〉與〈齊物論〉，以試著揭顯其中的哲學意理。可以說，這兩篇蘊含了莊子生命哲學的一貫主題，而以超越的認知論與超越的境界論，涵蓋了莊子生命哲學的形上進路、形上課題，並闡揚了莊子生命特質的形上意義。在認知與境界之間，莊子以富創化性的生命貫通之，其間有語言的辯證活動與心靈的辯證活動，莊子乃在語言與心靈的雙向秩序中，開發了生命本體的形上內涵。一方面，不斷進行心靈與其自身之對話，一方面則使各生命在意義的共同世界裡，進行本體與本體之間的生命的契合，而於彼此間全面的交流中，建立了超越性的關係。藉此超越性的關係，境界乃得以實現，生命乃得以超升，在此，莊子運用符號的象徵性及超越理性的各種圖像，建構了一個以生命意義為基礎的精神世界，在此精神世界中，生命乃能進行各種統合、各種創造。齊物之論乃理性的大統合，它實現了各種知識共有的創造性；而逍遙遊則是生命的大創造，其創造意義以「創化」、「創進」為主，故逍遙遊以生命之創進歷程為基本方向，而不斷地拓展生命存在之領域，不斷地提升生命存在之境界。生命之存在唯在創進、拓展與超升之中，才可獲致其存在之意義，而境界亦無先在而固定的結構，如同吾人理性不是概念與論證的集合場，吾人之「自我」不是封閉的，無發展性的。故境界、理性、自我等皆在生命的開放精神中，亦即在生命理想的活動中，不斷地進行生命實然的詮釋、生命純然的表達及生命應然的開展，如此，吾人生命才可能從一個體進為一位格（Person），莊子即在「人之為一位格」的基本的肯定上，以超越的認知發現位格的超越意義——至人、神人的意義，以超越的境界為超越的位格提供一安身立命的超越世界。因此，我們可以歸結地說：捨棄生命的超越意義及精神的超越價值，莊子的齊物論與逍遙遊便喪失其真實的內涵與合理的基礎。

依《莊子》內七篇之次第，〈齊物論〉在〈逍遙遊〉之後，然就莊子生命哲學的脈絡而論，〈齊物論〉則應在〈逍遙遊〉之前。齊物論是工夫，逍遙遊是境界，先有工夫，然後才能開拓出更高更遠更廣的生命境界。不過，若就生命之一體性而言，兩者本無先後之別。在即體即用的本體論、宇宙論與人生論一貫相融的基礎上，生命的發展不再是條件組合的成效，也不再是攀緣層次的競爭，而是生命精神完全的凝注，生命真相總體的發露，所有生命的活動乃一體之運作，所有生命的表現乃內外如一、實然純然。因此於生命力量在無數瞬間生發激湧之際，工夫即境界，境界即工夫，手段與目的一時俱現。物須先齊，吾人之生命才得以解放而作逍遙之遊；須有能作逍遙遊的生命力與生命精神，吾人才能在不齊的物相中，奮理性以達一往平等的大齊之境。

在未進入本論核心之前，對莊子所以高標「齊物」之理想為其生命理想，進以發揮吾人理性的創造力，轉吾人之自然生命為創造性之生命，終擺脫自然定數，迎向精神的自由，吾人須有如下之認識：

1. 齊物論是為了解決逍遙遊出的種種生命問題。莊子首以逍遙之遊開拓了吾人精神的空靈意境，他高唱：「乘天地之正，而御六氣之辯，以遊無窮者。」（〈逍遙遊〉）如此超卓的生命精神已穿透人文世界及自然世界的重重阻障，上達極高明至廣大盡精微的生命境界。唐君毅認為莊子思想的本源在於「其對心之別有所見」[1]，而「莊子所重之心，原為超一般理智心，超一般知識之心」[2]，所謂「超一般理智心」、「超一般知識之

---

1 參見唐君毅《中國哲學原論・導論篇》，新亞研究所出版，臺灣學生書局發行，民國六十八年四版（臺三版），第一〇〇頁。

心」，即是以齊物的工夫超一般理智，超一般知識，而使心之大能得以超離一定之所知，作無止盡的發揮，理性的創造力乃得以淋漓而出。莊子是以在〈逍遙遊〉的種種寓言中，具體展現了吾人生命之恢宏大能，翻轉了世俗之價值觀，在人心之上啟道心，在俗人之上塑真人，在常識的世界中並現宇宙重重無盡的境界，終把滯於有限時空之內的種種相對性──高低、大小、壽夭、有用無用等一體化解。至此，理想和現實遙遙相對，莊子乃開展其理性無窮的辯證，以解決生命在超脫解放的歷程中所遭遇的種種問題。方東美認為這是莊子哲學成敗的關卡，而問題核心就在「齊物論」[3]。可見齊物論不是逍遙遊的延續，而可說齊物論是成其逍遙之遊的思想超越以迄生命超越，它集結了莊子生命哲學的重要意義，使乘物遊心的形上境界在吾人生命理性中有了無比穩當之基點及無窮的開闊路徑。當然，在體用合一的生命實踐之上，吾人須對生命之體、生命之用及兩者之關係，有清晰的辨明。莊子所以結合其道論與宇宙論並通過齊物的超越認知，試圖以生命

2 同上，第一〇九頁。

3 參見方東美《中國哲學之精神及其發展》（上），孫智燊譯，成均出版社，民國七十三年初版，第一八九頁。

理性體證生命本體的形上意義，即是為了說明生命由體至用的一貫之道。

2. 齊物論以「自然」為先決條件。郭象注「逍遙遊」云：「天地者，萬物之總名也。天地以萬物為體，而萬物必以自然為正，自然者，不為而自然者也。」[4]「自然」示現「道」的根本法則，此一根本法則超越任何法則，但又包涵任何法則，可以說是「一切法則的法則」。物之所以為物，即在於此一根本法則。吾人解莊子之自然，絕不可將其下轉為物理之自然，物理之自然只是一般之法則，甚至是一般之條件，並未上達法則之根本性。故對郭象之自然觀，吾人可作相當程度的肯定，只要吾人堅持老子「道法自然」(《老子》第二十五章）的形上義諦，守住「自然」一辭的無稱性、窮極性。王弼注云：「自然者無稱之言，窮極之辭也。」[5]「自然」所以無稱，因唯道與之相稱，道以無為本，而無生萬有，故無稱而無所不稱。「自然」所以窮極，因其窮極萬有而至於道，道稽萬物，似有所窮極，其實無所窮極，故「自然」窮極一切，而一切之有因自然而無不窮極，而無所窮極。如此，從超越的認識論上達超越的本體論，「自然」將可透顯道的全部

4 郭慶藩輯《莊子集釋》，河洛圖書出版社，民國六十三年臺景印一版，第二〇頁。

5 見《老子》（四部備要本），臺灣中華書局，民國六十九年臺九版，第二八頁。

意義。就無稱性而言，「自然」之內涵極大而外延極小，然就窮極性而言，「自然」之外延極大而內涵極小，「無稱性」側重認識論的意義，「窮極性」則側重本體論的意義。由此可見，「自然」超乎一般主謂詞相屬相連的邏輯理論，而入於旁通統貫、錯綜複雜的形上原理中，且總結了一切形上原理，而成其為第一原理。

如此堅持自然為第一原理之第一義，不使之流於第二義，當可開發出無窮的生命意義，以完成莊子的逍遙之遊。故物之所以能齊，即在於物物自然。物之自然至少包括兩方面：自然之「然」及自然之「所以然」。「然」是「所」是「事」，「所以然」是「能」是「理」，吾人須透過自然之「然」，即自然之所及事，以發現自然之「所以然」，即自然之大能及自然之大理。如此，才能體會自然生命之真精神與精神生命之真自然，至此，自然是精神的自然，是生命的自然，而生命是自然精神之具現。一切自然現象不過是此一自然精神、自然生命的印證罷了。

郭象以其自然觀注解〈齊物論〉，開發出「自忘」、「自用」、「自得」、「自因」等義諦，頗值得我們注意：

夫達者無滯於一方，故忽然自忘，而寄當於自用，自用者，莫不條暢而自得也。6

幾，盡也。至理盡於自得也。[7]

夫達者之因是，豈知因為善而因之哉？不知所以因而自因耳，故謂之道也。[8]

物皆自用，則孰是孰非哉！[9]

物皆自得之耳，誰主怒之使然哉！此重明天籟也。[10]

在此，我們可以運用郭象由自然衍生的諸多意理，試著開拓出一條由體到用的生命理路：

自然↓自因↓自得↓自用↓自忘

6 同4，第七二頁。
7 同4，第七二頁。
8 同4，第七三頁。
9 同4，第七八頁。
10 同4，第五〇頁。

自然為生命之體，攝體為因，以成其生命之大因，深種此生命大因，自然有得，有得於己，即有得於一切之生命，如此以生命為大用，以生命為一切之用的唯一目的，自可善轉生命之全部內涵，以超離形相世界，超離「能知」與「所知」，此即「自忘」，忘自己於精神超升之歷程中，唯自忘而無所執著，吾人之生命才得以在無為而無不為的精神解放中不斷超升。自忘至於忘其所忘，無所不忘而無所忘，生命之體用乃合而為一，由體到用的生命發展便不是捨體逐用，而是攝用歸體，以成其生命之大用，以建其生命之大體。莊子的認知論及修養論則始於「自忘」，先見真我——自我生命之真實，再明自用之用，自得之得，以鋪展其認知系統而大明理性之用，以完成其修養工夫而深得生命之德，如此便可回返生命之因，自因其因，自立其體，生命便可在自然的原理不斷體現的過程中，去假還真，以拯拔其生命，以完滿其生命。

可見自然不僅為生命逍遙之基點，生命之自我認知，進以自我認知成其自我超越，同樣須以廣大平等的自然為認知與超越的領域。物物自然，皆然皆不然，故彼此均同，是非互容，如此「自然」確立了物物的獨立性及平等性。唯有在此獨立性及平等性中，物相雖異，物之自體依然善能自立，不妨其「自己如此」，物物乃能自用，物理乃能自得，如此物物自因，物物自得，自可終於物物大齊、論論平等，一切知識系統便可除去自我封閉及彼此對立的危機與困境。吾人當可藉此不斷進行思想之自我革新，而思想革新為生命革新之根本。思想革新之必要條件為理性不失其本體，所謂「理性自新」，自能為吾人生命提供永不枯竭之生機。新新不已，生生不息，這是恆久的創造，莊子齊物論的積極意義在此，其最終之目的亦在此。

3.齊物論不離道論。齊物以道為中樞。莊子是以「道」來齊物，物之所以能齊，因物物皆在道中，物物皆因道而共同存在，共享存在之一切資源。道賦予一切存在物同等（但不雷同）的存在性及同等的存在價值。在此，我們可以拿成玄英以佛之中道解莊子的觀點，來說明道為吾人認知進程之中樞：

內外雙遣，物我兩忘。[11]
彼此俱空，是非兩幻。[12]
彼我兩忘，是非雙遣。[13]

11 同4，第一八頁。
12 同4，第六八頁。

心境兩空，物我雙幻。[14]

這可算是一種創造性的詮釋，也唯有在莊子創造性的思想中，後人才有作此創造性的詮釋的可能。成玄英歸結出：內外、物我、彼此、心境等對立之兩極，它們不純屬於物，而亦是吾人心念意識之造作所生。莊子是以等量齊觀之，同立於道樞，而予以「雙遣」、「兩忘」、「俱空」、「兩幻」、「兩空」，如此吾人方能超離一般之理念及一般之知識，不為外在形相所限，亦不為自我意識所拘，而令生命中道前行，這才是真正的超脫解放。

道是吾人理性唯一的標的，是吾人生命不偏不倚的樞紐。執道其實無所執，中道其實無所不中。如此中道觀不只具有認知的意義，更具有道德的意義，它是一種心靈的涵養，旨在於不斷反省人的知識，並謹嚴地加以檢查，使知識不斷能推陳出新，提供一無窮廣大的視野，以作永無止境的批判與超越。這也可說是一種「道德的知見」，一種「認知的真誠」。如《中庸》之反省儒家之知：「道之不行也，我知之矣，知者過之，愚者不

13 同4，第六九頁。

14 同4，第七〇頁。

及也。道之不明也，我知之矣，賢者過之，不肖者不及也。」（《中庸》第四章）「舜其大知也與，舜好察邇言，隱惡而揚善，執其兩端，用其中於民，其斯以為舜乎！」（《中庸》第六章）莊子的反省與批判更為澈底，其「執其兩端而用其中」的認知活動更具辯證性，更富有超越性。在〈知北遊〉，莊子以「知」為假設之人物，他讓「知」到北方遊歷，以「北方」、「玄水」象徵智慧，其間「知」所經歷的人物：「無為謂」、「狂屈」、「黃帝」等各象徵一認知階段，而最後歸宗於黃帝：「無思無慮始知道，無處無服始安道，無從無道始得道。」（〈知北遊〉）此是中道之言，中道之義。黃帝居中位，莊子用之以象徵「中道」之意旨十分明顯。「無為謂」與「狂屈」則分別象徵不言與言，不知與知，道超越言與不言，知與不知的兩端，故曰：「為道日損，損之又損之，以至於無為，無為而無不為也。」（〈知北遊〉）可見認知的過程在於消弭概念之自我固執，不斷的否定，只是為了逼顯最後的大肯定，如此心智的自我淬礪，原在道中，原是為了不斷地疏理吾人與道之關係，並進而契合之。

中道觀為一理性持平的態度，亦即齊物的基本精神。以道雙遣內外、是非，兩忘物我，俱空彼此，都是為了發揮生命的創造精神，不使生命受到任何干擾與阻礙。在運用雙遣、兩忘的破的工夫之同時，吾人即能不斷清淨自我之心靈，此時心與智合，智與理合，如此吾人便能處理一切存在之課題。吾人存在之課題往往由內外、物我、是非等概念而起，若吾人善予料理，使它們在被雙遣兩忘之後能為吾人以更高的認知層次加以包容，使其相容並存，而各自獲得一定的價值與意義，則生命的完整性將愈趨完整，生命的境界亦將愈趨高明。故齊物之中道觀並不是一逕指向外在對象的客觀性認知，它不在於拔除認知之對象，一味地作片面的減除，至於心空無物，等同草木，而在於發現兩端之間的真實關係，並將此無窮之關係放入道的大域中，一切將共存共榮，生命的意義將磅礴於萬物之中。如此，獨立不妨平等，相對不礙絕對，有內外而無內外，分彼此而不分彼此，有是非而無是非，莊子以道齊物，其真諦在此。

4. 齊物論並無任何固定之理論架構，它有著種種有機之脈絡，看低片斷，實則前後相銜，左右逢源。莊子反一切封閉的認知系統，因此他並未建立任何認知系統；若說莊子有其理論，那是沒有理論的理論；若說莊子有其系統，那是沒有系統的系統。沒有理論的理論以道為核心，沒有系統的系統以道為根本。因以道為核心，故一切之理論須為更高的理論所消融，而最高的理論即是道。因以道為根本，故一切之系統須為更大的系統所包涵，而最大的系統即是道。一切理論系統匯歸向道，如眾漚之入海。

當然，莊子自有其理論，自有其系統，他以道為一切理論系統之最根本之意義，道足以成全任何之理論系統。以道為最後之原理，吾人之思想歷程永遠有成立任何理論系統之可能，而吾人永不會拘泥於任何理論系統中，同理，以道為最終之目標，吾人之生命歷程即自成一無窮系統，而吾人即可不為任何生活經驗所限，亦不至於停滯在任何生命階段，如此，自可以無窮生命之系統，拓展吾人之生活經驗，並銜接各生命階段，貫成一道生命超越之路。

莊子以詼諧之筆觸，巧妙地融合事相事理，將其編織成恢恢天網，雖疏，然不漏，因他已賦予一切的動靜言默無窮之理趣，此無窮之理趣即源自道。維根斯坦云：「的確，有不可言喻者，它們顯示它們自己，它們就是奧祕。」[15] 莊子哲學的奧祕就是莊子生命的奧祕，就是道的奧祕。面對這些不可言喻者，莊子巧妙地使用寓言卮言重言，讓它們顯示它們自己，故能言而不言，動而歸靜，形而無形，終進入神妙的境地，莊子因此盡興地顯豁生命之道，以批判吾人之思想語言，以破除吾人生命之大敵，以回歸生命的真實

15 見維根斯坦 (Ludwig Wittgenstein)《邏輯哲學論叢》(*Tractatus Logico-Philosophicus*)，陳榮波譯。譯文刊於《語言迷宮的嚮導——維根斯坦》，陳榮波譯著，時報文化出版公司，民國七十二年初版，第二〇九頁。

質樸，以獲致生命的真平等真自由。如此，一切生活的運作及經驗的累積與消化，壹以齊物之道為準，齊物論為人格之修養與宇宙之存在建立一生發意義的核心。就莊子哲學之一貫性而言，齊物論即自然之論，即道論，亦即生命修養論及人格超升論。生命修養及人格超升以齊物始，以齊物終。以道修身，故能齊；以道為人格超升之路，故能以齊物之齊為超升之本事。林雲銘論云：「逍遙遊言人心多狃於小成，而貴於大；齊物論云人心多泥於己見而貴於虛。」[16]大與虛皆是生命超升之先決條件。齊物論總結一切存在之關係，肯定一切存在之價值。在此，莊子以道解決吾人理性與非理性之間的種種問題，終於開拓了生命之領域，因自然而超自然，運理性而超理性，莊子乃大肆發揮其思想語言的種種善巧方便。

一、齊物之論

本篇以〈齊物論〉為篇名，郭象注云：「夫自是而非彼，美己而惡人，物莫不皆然。

16參見林雲銘《莊子因》，蘭臺書局，民國五十八年初版，第一七頁。

然，故是非雖異而彼我均也。」[17]物分彼此，故自是非彼，因彼此而有是非，因有是非而彼此之分乃判，然以「自然」的觀點看來，物物自然，物莫不皆然，「自然」包涵了彼此是非，取消了彼此是非的對立，故物物其實共存共榮，相生相成，乃能「是非雖異而彼我均也」，物物皆可自是非彼，如此「自是非彼」的彼我對立性乃形成無窮之系統，而物物皆在此無窮之系統中獲致一種立基於共同生存的平等性。多瑪斯云：「萬類物體俱備的共同要素是『生存』。」[18]物物共生，莊子透過自然，發現物物共生的平等性，「彼我均也」即彼我平等，這是立足點的平等，而不是物物生存內容之混同不分。由此，本篇篇名告訴我們莊子的重大發現：萬物的平等、生命的平等。陳鼓應說：「齊物（The Equality of Things）即主張萬物的平等。莊子從物性平等的立場，將人類從自我中心的局限性中提昇出來，以開放的心靈觀照萬物，了解各物都有其獨特的意義內容。」[19]原來萬物之平等並非歸納所得的抽象的普遍性，而是萬物自然而共存，當體而即用的獨立性，

17同4，第四三頁。

18見多瑪斯《論萬物》上冊，呂穆迪譯述，臺灣商務印書館，民國五十九年初版，第三七頁。

19見陳鼓應《莊子哲學探究》，作者自印，民國六十四年初版，第九一頁。

物物獨立於道中，物物共生於道中，就此而言，物物均平，原無差等。故可見齊物非從上到下的專制，亦非由外向內的宰制。物物所以能齊，因物物各有其性，「物莫不皆然」乃其本性所致。物性有同有異，所同者在物，所異者亦在物，此一比較的觀點並不足以造成截然二分的界限。吳光明謂：「齊不是同樣一致，廢除各自個體的特獨性質，反而是描寫諸多種物體，各有不同特色，互集成群。」[20]有同有異，存同保異，萬物之妙趣乃洋溢而淋漓。而所謂「物」包括人及人事，並非今日物理之物，這在莊子有機有生的宇宙中，是不必另行質疑的。亦可以說，所有可能成為認知對象者皆是物，由於莊子之認知超乎一般理智之認知，故莊子之物，其意義自超乎一般理智之知解，而有其蘊含存在價值及生命意理的內涵。

至於應「齊物」連讀或應「物論」連讀，章太炎如此詮釋：「齊物屬讀，舊訓皆同，王安石呂惠卿始以物論屬讀，不悟是篇先說喪我，終明物化，泯絕彼此，排遣是非，非專為統一異論而作也。應從舊讀，因物付物，所以為齊故。」[21]「因物付物」同於郭象之

20 見吳光明《莊子》，東大圖書公司，民國七十七年初版，第一八一頁。

21 見章太炎《齊物論釋定本》，廣文書局，民國五十九年初版，第一頁。

自然觀，而標「物化」，乃自然大義。彼此是非不在於論論互異之內容，乃由各執一物各持一論的形式意義所致，此唯「原理之原理」、「形式之形式」的「道」可能化解之。故統一異論並不足以絕彼此遣是非，而異論統一之標準在於道，道並不專屬一論，故以一論統他論，皆非真正之統一。道之統一並非一般意義之統一，其中蘊含極豐富的自由精神，是不容抹煞的。

章氏又以佛理大肆發揮齊物之義：「齊物者，一往平等之談，詳其實義，非獨等視有情無所優劣，蓋離言說相，離名字相，離心緣相，畢竟平等，乃合齊物之義。」[22]章氏以大乘空義解莊，頗能拈出物齊之無分別境界，然是否能合宜地宣說莊子未離言說相名字相心緣相之際，所表現的磅礡生命氣魄與曲妙的智證歷程，則不無疑問。方東美大體贊同章氏之說：「諸執盡捨，真正平等之理想乃現。一言以蔽之，大道無窮，對其充實性、豐富性與無理性，吾人只合默而識之，深心體會，不可言說故。」[23]諸執盡捨，不僅離言說相名字相，更離心緣相，至此，一切心念造作不違道相，物物宛然現前，物物平

22同上。

23同3，第一九四頁。

等齊同，齊者因道而齊，同者同於共生共存之道，這是大道遍在萬物的澈底的實現，大道之無窮內涵於焉全般躍現。而道之「無理性」更好說是「超理性」，化理性自道之有趨道之無，而入於理性之本體中，是不可以實用理性或工具理性抹煞吾人理性充實吾人生命之無窮之可能性。

參透物齊玄旨之餘，道即不道，說即不說。莊子寄意藐遠，任思想言語與生命之本真、天機一起運轉，以發揮有意涵的「話語」(Logos)的創化功能，這其實是一種善保沉默的作法，如維根斯坦云：「不能夠說的東西，我們應該保持緘默。」[24]莊子以其巧妙的「文字般若」，傳達出難以傳達的義諦，其言語並無損於「聖默然」的玄境，至此，吾人應可了然：若物論可齊，乃在於物之可齊，是不可急於物論之齊而忽略了齊物的悟性工夫。物若不齊，而人人心中之「物」尚各據其紛歧之概念，卻一味地強齊「物論」，欲將各種理論束為一條，治為一爐，則已違背莊子極其民主自由的作風，勢將導致「以不平，平；其平也，不平」（〈列禦寇〉），郭象注云「以一家之平平萬物，未若任萬物之自平也」[25]的惡果。當然，「物論」亦是「物」，故「齊物—論」亦可同於「齊—物論」。不過，

24同15，第二一〇頁。

「物論」之為「物」，須經後設之語言哲學予以處理，且須出以全面的哲學省思與批判，莊子對此並未有具體的宣示。吾人可以肯定的是：莊子以大道的無限豐富性調和物性之千差萬殊，其齊物的平等性並非表面的平等性，亦非意義貧乏的單一性[26]。

二、喪我與真吾——認知生命的真相

《齊物論》效《逍遙遊》，由一寓意深遠的故事開始：「南郭子綦隱机而坐，仰天而噓，荅焉似喪其耦。」此等「坐忘」工夫已然暗示《莊子．齊物論》不只在於思維之巧、言辯之妙，更在於吾人心靈的鍛鍊及生命直覺的淬礪，以直探宇宙內蘊之奧祕。由南郭子綦與顏成子游的師生對話，莊子道出「吾喪我」的精神境界：

25 同4，第一〇六四頁。

26 方東美認為莊子立說的動機為「在於為人類萬般個性之天生差別謀致調和之道，而和之以大道之無限豐富性，並化除於漫無的準，意義貧乏之單一性或表面上之平等性也。」見方東美《中國哲學之精神及其發展》（上），孫智燊譯，第一九四頁。

子綦曰：「偃，不亦善乎，而問之也。今者吾喪我，女知之乎？女聞人籟而未聞地籟，女聞地籟而未聞天籟夫！」（〈齊物論〉）

郭象注云：「吾喪我，我自忘矣；我自忘矣，天下有何物足識哉！故都忘內外，然後超然俱得。」[27]「喪我」即「忘我」，忘我與物之對立，忘與物對立之假我。莊子在此以「吾」為真我，以「我」為假我，真假之辨是忘之始，而忘之終則真假無須辨，一切莫非真，以真化假，假可入於真，這是超越的認知，生命的真相由此現，故郭象云「超然俱得」，得道即得真我，得真我即得道。假我自我封閉，因自我封閉而與物對立；真吾則向世界開放，向一切開放[28]；且因此一無窮的開放性而不斷離假歸真，至此，整個存在界以無限的和諧性迎此真吾，三籟合奏是和諧的具體象徵，以聲入耳是比以眼見象更能予人宇宙大通、萬物太和之體驗[29]。

27 同4，第四五頁。
28 陳鼓應解「吾喪我」云：「這個『我』乃是封閉性的假我，『吾』才是開放的，本真的自我」，見陳鼓應《莊子哲學探究》，第九一頁。

莊子確信：一切世上之是非爭執，都因執持有我而來，這世界乃充斥獨斷與偏見，如此，真我隱退，假我當道，真生命於是逐漸消失。所謂「形固可使如槁木，而心固可使如死灰乎？」（〈齊物論〉）此一生命之自問現出一線生機。莊子善破一般人之悲觀心理，他似乎對生命具有絕對之信念，此一信念源自對真生命及真生命所處的真實世界的深切知見。生命形體可能如草木枯槁，然主吾人生命之心則可死灰復燃，不斷恢復生機，在此，莊子有著《周易．復卦》的「復」的精神：「復，其見天地之心乎！」（《周易．復卦．彖辭》）「天地之心」即天地之生命精神，同流太虛，無所不在，是為吾人與萬物共生之大域。莊子以天地人三者之統攝交融，掌握此一廣大充沛的生命精神，乃以三籟為喻，以天地人的大合奏示現生命的永恆。如果能不斷穿透生命歧出的孔徑，並消除生

29 宇宙大通的體驗可以〈秋水〉：「始於玄冥，反於大通」為例證，這是貫澈始終的生命體驗，玄冥之始，使吾人得反宇宙大通之境。萬物太和的體驗則可以〈天運〉：「夫至樂者，先應之以人事，順之以天理，行之以五德，應之以自然，然後調理四時，太和萬物。」為例證。在此，「太和」為動詞，但亦可用以描述萬物合順的真實狀態。這兩種體驗其實是一種體驗。只是「大通」較側重「無」的意義，「太和」則較側重「有」的意義。

命自設的限制，那麼近死之心，可使復陽，而轉危機為生機。生命是可在無執無捨的開放性中，不斷獲得再生復活的機會。

唯喪其耦——對立之我，方能發現獨立之真實之我——真吾，郭象注云：「同天人，均彼我，故外無與為歡，而荅焉解體，若失其配匹。」[30]「喪其耦」乃在解除人我對立，內外對立，是工夫的描述，亦是境界的描述，乃齊物的工夫做得圓熟之後自然所現的境界。至此，彼我兩破，天人均同，然其間之歷程十分深遠，非一蹴可至。成玄英疏云：「妙悟自然，離形去知，荅焉墜體，身心俱遣，物我兼忘，故若喪其匹耦也。」[31]「若喪其匹耦」分明指向一種生命狀態，對於工夫本身，並不特別著意。而所謂「妙悟自然，離形去知」則與〈大宗師〉的「坐忘」：「離形去知，同於大通」一體無殊。齊物與坐忘並非兩種工夫兩種境界，而是一種工夫一種境界。離殊多之形，去執滯之知，大通者大齊也，齊而後通，通乃至齊，生命之進程於是殊途而同歸，如此亦同時驗證了「有真人而後有真知」（〈大宗師〉）的基本命題。

30 同17。
31 同17。

章太炎以菴摩羅識「真我常遍而自存」解「求得其情與不得，無益損乎其真」的真吾，自有其一番比論[32]。然莊子所以在〈齊物論〉首揭喪我之坐忘工夫，並無意於真我之常遍自存性之解析，而在於以真我為自然之道作具體的見證，以展開齊物之超越認知。吳怡說：「整個〈齊物論〉的血脈乃在於真我，唯有真我，才能去齊物；也唯有物物都具真我，物物才能齊一。」[33]可見莊子的真我已然入於遍在萬物的道，甚可說真我是「道在肉身」，莊子尊重個體、個人之精神由此可見。以個體生命之純真足以否定一切生命之

---

32 菴摩羅識又名「如來藏」、「不生滅體」。章太炎認為莊子的「常心」（〈德充符〉云：「彼為己以其知，得其心以其心。得其常心，物何為最之哉？」）「真君」即菴摩羅識，而執意根以為我之心即阿陀那識。章氏以為：若據現量，對「靈臺」（〈庚桑楚〉云：「靈臺者有持，而不知其所持，而不可持者也。」）作寂靜之觀察，「即現執此恆轉如暴流者以為自我，猶是幻妄，唯證得菴摩羅識，斯為真君，斯無我而顯我耳，是故幻我本無而可喪，真我常偏而自存，而此菴摩羅識，本來自爾，非可修相，非可作相，畢竟無得，故曰：『求得其情與不得，無益損乎其真。』」參見章太炎《齊物論釋定本》，第二五—二六頁。章氏此一「假我無可喪，真我無可得」的論見，頗能契合莊子認知之超越精神。

33 見吳怡《逍遙的莊子》，東大圖書公司，民國七十五年再版，第一四〇頁。

假而肯定一切生命之真。真恆為真，故假不礙真，這是認知亦是修養的基本原則。運用此一原則，心靈與倫理可以互通，心之真誠自可轉為倫理之德，形上之我亦即道德之我，一方面，莊子追求知識之本原；另一方面，莊子實踐了生命的理則，真我是生命統合的成果，我我皆真，物物皆真，真人自現，而人人莫非真人。

唯真我常真，方有精神之平等；唯喪小我忘小我，才能成就大我，「大我」乃真我的另一個名號。南郭子綦隱机而坐的示範，表現莊子認知論的基本精神：不作語言之游說或理論的解析，而旨在令吾人理智入生命之真，亦即令生命之真化除吾人之知識障：由實際事物之真、道德之真、心靈之真（真誠）以迄吾人真實之天性，至此，本體真理——道之作為生命之真宰、真君，才有其著落，而真人之成就方有其可能。因此，論及莊子之真，已總括一切之真，是不必再計理、事、相或體、用等名目，而生命之真總成一切之真，真人真知之真皆直指生命之真，喪我工夫的宗旨在此，齊物之齊由此做起，捨此，別無其他認知之起點及門徑。

三、自然籟音的象徵意義

莊子描摹地籟，是一段絕妙散文：

> 夫大塊噫氣，其名為風。是唯無作，作則萬竅怒呺，而獨不聞之翏翏乎？山林之畏佳，大木百圍之竅穴，似鼻，似口，似耳，似枅，似圈，似臼，似洼者，似污者；激者，謞者，叱者，叫者，譹者，宎者，咬者，前者唱于而隨者唱喁。泠風則小和，飄風則大和，厲風濟則眾竅為虛，而獨不見之調調，之刁刁乎？（〈齊物論〉）

如此生動之文字似與哲理無關，然而其中充滿自然之趣，為「自然」作了具體的宣說。「大塊」乃自然之別稱，大塊噫而出氣，氣象徵自然大通之理，亦指無所不在的生命。郭象注云：「大塊者，無物也。夫噫氣者，豈有物哉？氣塊然而自噫耳。物之生也，莫不塊然而自生。」[34]成玄英疏云：「夫大塊者，造物之名，亦自然之稱也。言自然之理通生萬物，不知所以然而然。」[35]皆強調通生萬物的自然生命體，這是莊子齊物的大前提。物物有生且自生，故物能自齊，自齊而齊他，生命之一貫性自然而成。莊子似是以地籟作為天籟人籟之間的媒介，地居天人之中，人籟是亟待批判的語言，而天籟「大音希聲」（《老子》第四十一章），往往聽之不聞。地籟則一氣多竅，一音多聲，暗示一多互容之理，且可表現莊子不偏不倚的中道觀。如此地籟融合人籟，化入天籟，天人交應，小和而大和，莊子和諧的宇宙觀已呼之欲出。

三籟之間，原無高低之判，因三籟皆源於「自然」。故莊子云：「夫吹萬不同，而使其自已也，咸其自取，怒者其誰邪！」（〈齊物論〉）郭象注云：「自己而然，則謂之天然。」[36]自然而自取，此是天道，其中滿是天趣天機，而生命之行乃天行，是不必再追究行者為誰，作者為誰。行而不行，作而不作，生命的律動乃趨和諧。「若有真宰，而特不得其朕。」（〈齊物論〉）郭象注云：「起索真宰之朕跡，而亦終不得，則明物皆自然，無

34同4，第四六頁。
35同上。
36同4，第五〇頁。

使物然也。」[37]「若有真宰」之義同於「怒者其誰邪！」是對吾人知解「真宰」的可能性的質疑，但並非因此斷然否定「真宰」的存在。「物皆自然」可立即推至「無使物然」，但「無使物然」並不即是對「真宰」的否定。「真宰」並不使物，乃意謂生命自主的最高境界。真宰的不可知，引致對真宰的存疑，實已預設吾人自我超越思想語言的可能性。王煜云：「天籟的涵義，直可引申至超脫實物，而獨指『天然』此意義或境界，即是子綦以自已與自取兩語所暗示或隱指的妙境。使其自已的消極意義就是否定自己背後『怒之使然』者的存在；它的積極意義，正在自己如此由於自取如此。」[38]自取而自然，是已發揮了生命的創造精神，在創造的進程中，是不必先行對「主宰」作消極的否定。而於肯定莊子哲學為「自然主義」——「自己如此主義」(Selfdependentism)[39]之後，又進一步認為莊子哲學為境界型態的哲學[40]，則須善解「境界」為不落真假實幻的生命統一場，

37同4，第五六頁。
38見王煜《老莊思想論集》，聯經出版公司，民國六十八年初版，第一一五—一一六頁。
39同上，第一一七頁。
40同上。

萬不可任其流為與實存世界對立的主觀造境。以莊子為自然主義，須同時把握其超越的形上生命，若喪失「超越」之意義，自然主義勢必演成封閉的知識困境，甚至於截斷理性的各種欲求，如此，「自己如此」將不過是「自我停滯」、「自我退化」的代名詞。故莊子之超越非一般之上下求索，物之迴向自我非一般之自我肯定，而是橫絕三界，亙古一瞬的生命總體運作，實非生命之支節所能轇轕，亦非量化的時空所能局限。

我們可以很明顯地發現三籟有三種象徵意義：

1. 籟是空的虛的，象徵吾人無心之言自然而出，乃生命純淨之本性所致。有心便不自然，有心之心為「為我之心」，一心為我，心的虛靈性便將逐漸喪失，而大通之道亦將逐漸壅塞，如此，生命的自我保全將十分可慮。莊子如同老子，十分重視「虛」的功能。「夫虛靜恬淡寂漠無為者，天下之平而道德之至，故帝王聖人休焉。休則虛，虛則實，實則倫矣。虛則靜，靜則動，動則得矣。」（〈天道〉）虛能通物，是生命之大用，虛則合道，道是真實的，故虛能入實，並化真實之道為自然之倫理。如此看來，善用「虛」的精神，可以齊物，物物因「實」而互異，物物因「虛」而大同。此外，「虛」尚可以用來養生，庖丁解牛就是運生命之虛以保生命之實的範例。

2. 三籟交響是和諧的象徵，大同容小異，不必強己與人同，也不能強人與己同。在和諧之中，物物自得，人人自樂，每一個個體皆可得以保全，這就是逍遙遊的初義，也是齊物的始點。方東美謂此為個體化與價值原理[41]。以個體肯定存在之價值，是價值肯定的基石。先須尊重每一個個體，吾人才可能在價值無窮的層級中往上升騰。

3.「萬竅怒呺」暗示「百家爭鳴」，雖百家之鳴和萬竅怒呺仍有所不同。引起萬竅怒呺的自然力——氣——是無心的，而百家所以爭鳴，則在於人之有心，心之有見，見之有言；各有所見，故各有所言；見有所偏，言乃曲成而有大有小，於是個人意志挾持一己之目的，肇生心理意識的各種疲態病態變態乃層出不窮，這是莊子亟欲處理的人生課題。

總言之，「天籟是自然的化名」[42]，在此，吾人須肯定天籟之「天」的實存意涵，若

41 方東美認為「個體化與價值原理」為莊子超脫解放之道的第一個原理，並作如下之詮釋：「主張萬般個性，各適其適，道通為一，是大道無限，其中個體化之有限分殊觀點，就其獨特性而論，必須接受之，視為真實，蓋任何個體實現各表價值方向，各當其分，故於其重要性不容否認或抹煞。」見方東美《中國哲學之精神及其發展》（上），孫智燊譯，第一九二頁。

42 見胡哲敷《老莊哲學》，臺灣中華書局，民國五十九年臺四版，第六〇頁。

天無實存性，則「天鈞」、「天府」、「天倪」等均將失去其源自道體的第一義，甚至終於放棄道之為認知之第一原理及存在之第一原則。莊子懷疑知識之絕對性及任何理論之整全性，但他並非懷疑主義者、相對主義者、不可知論者，他所以不斷懷疑，是為了一大肯定——肯定道的絕對性、真實性、獨立性及整全性。在三籟交響之中，莊子除了建立齊物之前提——自然之精神外，也多少透露：吾人認知是在大道之中進行，從形軀之我的否定，進於對大生命的肯定，三籟是此一大生命體的具體表徵。人我所以能互通，因大生命體中各種關係皆是可以互通的；生死所以能戡破，是非所以能泯除，亦因大生命體中各種關係皆是有機而可以達致平衡齊一的。三籟即暗示此一大生命網絡，認知主體就在其中，且自超拔於其上，而不斷地回視自己，省察自己，進而了解自己，批判自己，這是主體的自由，由認知的自由開始，以迄於對世間萬物的欣趣玩賞。

四、思想語言的有限功能——突破生命的障礙

從自然迴向人間，乃莊子一貫之心路。至此，莊子方才進入齊物論的主題。首先，莊子斟定人知有大有小，人言亦有大有小，此小大之辨乃在知識的意義不斷趨向「意義

之意義」的進程中。由小向大，並非為學日益，而是為道日損。然一般知識之發展卻由大向小，一路指向人間的千態萬狀與人生的千奇百怪。莊子終於發現：這一切妨害自然、破壞和諧的因素都源於人在知識語言及心意識中的作繭自縛及相互糾纏。

> 大知閑閑，小知閒閒；大言炎炎，小言詹詹。其寐也魂交，其覺也形開，與接為構，日以心鬥。縵者，窖者，密者。小恐惴惴，大恐縵縵，其發若機栝，其司是非之謂也。（〈齊物論〉）

原來是非似地籟，由人自取，皆由人心之「自我」造作，人情乃因此有「喜怒哀樂、慮歎變慹、姚佚啟態」等異態，這些都是「非彼無我，非我無所取」的主觀情態。在這些主觀情態交纏成的「百骸、九竅、六藏，賅而存焉」的形體中，莊子肯定了「可行己信，而不見其形，有情而無形」的真宰，在此，莊子露出了理性的一線光明，生命的分崩離析於是有了重整的希望，此「真君」即喪我之真吾，乃是吾人在「一受其成形，不亡以待盡。與物相刃相靡，其行盡如馳，而莫之能止，不亦悲乎！」的現實人生中，唯一的自救之道。

莊子接著發現人生最大之悲哀是「其形化，其心與之然，可不謂大哀乎？」心隨形化，心乃為形所限，亦為形之變化所陷，此心便是「成心」，心之所見便是成見。「夫隨其成心而師之，誰獨且無師乎？」人人師心自用，乃出現玩弄文字的假邏輯，假邏輯對正確的認知是極端有害的，「未成乎心而有是非，是今日適越而昔至也，是以無有為有。無有為有，雖有神禹，且不能知，吾獨且奈何哉！」以無有為有，乃莫大的錯誤，莫大的錯誤終釀成莫大的悲哀。如此認假作真，真我便為假我所掩；假我妄作，是非不明，人生之危機莫過於此。方東美云：「真我之深為妄我所斲傷，蓋亦明矣，其唯一補救之道，即求諸心之健在，心之理性大用在於能使人人洞見自我中心之陷阱，而免於形成對是非標準之誤斷也。」[43]至此，是非有哲學原理以化除一切自我中心的錯誤不可了。

了解語言之性質，以破除吾人「認知活動的蔽障」[44]，是生命精神朝向平等境域所必

43同3，第一九九頁。

44陳鼓應認為莊子發現吾人之認知活動有四大蔽障：一、能知主體的局限性，二、對象與認識關係之流變性，三、認識的標準難以建立，四、語言功能的受限制。以上論點參見陳鼓應《莊子哲學探究》，第六三—六七頁。

經之步驟。莊子的平等哲學由語言的批判開始，而終於對生命自身的批判。也可以說，是由於對真生命的熱愛，莊子才如此關心語言的功能，並試圖解除語言對思想活動的限制。

一切以自我為中心的錯誤，皆由語言的錯誤釀致，語言的錯誤和情欲的陷溺互為因果，成為一惡性的循環。更由於是非的標準不定（甚可以說，除「道」之外，並無確定的是非標準），使吾人語言的表詮功能大為降低，莊子對知識所以抱持懷疑的態度，其故在此。而莊子所以經由心齋、坐忘等工夫，來淨化心靈，便是為了使認知功能能與道相應。認知的功能不彰，道便無從開顯。靜默和諦聽正可彌補語言之不足，將語言對認知之干擾降至最低。「道未始有封，言未始有常。」（〈齊物論〉）道超越有封之域，即超越一切之對立性。林雲銘將「封」改為「對」，並申論之：「夫道無往而不存，故未始有對；言無存而不可，故未始有常，蓋以有對有常，即為畛域，而八德所從生也。」[45]道自身無對，是人以為道有對，而人所以會以為道有對，主要是因為人言有常，有常之言即為一般所謂之「定義」。至於無常之言，其實已等於無言之言，是為萬物之母的「有

45 同16，第六八頁。

名」[46]，乃語言之源，與道相即不離。

莊子反對吾人執持定義，因語言之義不定。〈天道〉云：「有形有名，形名者，古人有之，而非所以先也。」又云：「驟而語形名，不知其本也。」本是道，定義為末。莊子自有其一套「無名論」，故他善用名，善於運用定義，其所定之義皆可相通，其所定之名皆可相應。道的無限性及遍在性使吾人不得不在思想語言中保持相當的流動性，小知的形成即來自此一流動性[47]，而大知之知「道」，則非極端擴大吾人思想語言之功能不可。擴大思想語言之功能之同時，吾人勢必形成一大套的意義理論，而此一大套的意義理論又勢必為其自身之理論所限，除非吾人能運用無窮多的語句，以對應一切的真值條件。就道而言，真值條件乃超乎一切條件之條件。故吾人語言之膨脹很可能導致思想的「無窮後退」，並無法澈底解除語言之限制，這其中有屬於語言的弔詭：「既已為一矣，

46《老子》第一章云：「無名，天地之始；有名，萬物之母。」「無名」與「有名」皆指無稱之大道，始與母的意義是一貫的。

47吳怡說明小知的形成之因有二：一、外物無定性，二、人事無定論。此一看法可與本章44所提陳鼓應的論見相配合。參見吳怡《逍遙的莊子》，第六四－六九頁。

且得有言乎?既已謂之一矣，且得無言乎?」(〈齊物論〉)如何善解言默的互動關係，已非語言學或語言哲學的專利，莊子以快刀斬亂麻的手法，將生命之路向從思想與語言的關係中轉出，而擺脫思想意象的糾纏，並避開語言形式之窠臼，終於踏上齊物的超越路徑，這是莊子在齊物論中所表現的最巧妙的文字般若[48]。

活動的概念喪失其活動性，即違離其足以對應一切的意義中樞，於是淪為固定之記憶，這是所知之障之初始根據。人心所以自師其心而有是非，道所以隱而有真偽，皆與吾人自執概念以至於自閉於一己的記憶中，有直接之關係。滅命之故是物故亦是事故，而物事所以演成「故」，皆因概念之滯留於內，致使吾人不見運轉流通之命。而真人所以「其寢不夢，其覺無憂」(〈大宗師〉)，因其念常自新，其心常自生，乃能「不知說生，不知惡死」(〈大宗師〉)，有生而不知說，有死而不知惡，因已無一般之「生死」概念，即已消除諸多有關生死之記憶內容;將生死定於某一時空，即此記憶之作用所致。同理，

48 文字般若為佛教五種般若之一，乃以文字詮釋般若之法。莊子表詮思想之手法高妙，自有其「文字般若」。就佛理而言，文字本性空寂，故可藉文字而解脫，這與莊子得意忘言，得道忘意的作風十分近似。

夢醒之顛倒，好惡之傷身，無不是僵化之概念之害，「無人之情，故是非不得於身。」（〈德充符〉）是非阻塞了思想之流通，至於外吾人之神，勞吾人之精，精神遭此傷害，情欲乃滋生。唯除所知之障，吾人之精神才有真正解脫之可能。

柏格森對觀念與記憶的解析，可與莊子相互發明：「所以觀念之初發的概性實由於精神之某種活動性，即動作與表象間之運動而成。這正是所以哲學者容易把概念定其處所於兩極端之一，且使概念結晶為文字或蒸騰為記憶，其實概念乃由精神之從一端到他端的進行而成。」[49]道所以有封，言所以有常，即由精神之從一端到他端的進行而成。莊子企求精神之最高境界，其精神活動已超乎一端與他端之間，而其回歸大道，即在溯此概念結晶為文字或蒸騰為記憶的淪降過程，以上升於精神全面的活動中，以通澈一切之動作與表象，達於未始有言，未始有名的道境。道所以從無無、無物、有物、有封，終淪入於愛惡是非之域，即由於概念結晶化，且被定於兩極之一。莊子以為概念最主要的兩極是「是」與「非」，「是」、「非」最易於固定概念，「是其所是」、「非其所非」，概念乃被固定，吾人之精神活動便不斷脫離生命之中樞。因此，若能了解自我思想意識的流

49 柏格森《物質與記憶》，張東蓀譯，先知出版社，民國六十五年出版，第三六二頁。

程，即可明白道在宇宙中生發滋長的歷程。

此外，海德格對語言的看法，也可和莊子的觀點相得益彰：「語言不僅是人類所擁有的許多工具中的一種；相反地，是語言使人類可能挺立於存有物的開放性中。有了語言，才有世界，也才有決定與生產，行動與責任，騷動與專制，頹放與混亂，如此周而復始的循環。」接著海氏又說：「就較根本的意義看來，語言乃人類之一項資產。」[50]莊子重視語言，批判語言，將其從自我封閉的情境中轉向道，向道開放，即是為了擺脫此一周而復始的循環。語言的開放促成生命的開放，語言回歸於道，生命即回歸於道，而使吾人生命違離道，則是語言之害。海德格認為語言暗藏連續性的危險，此一看法和莊子很接近。言與不言之間，有種種亟待吾人參悟的奧妙，語言與道的關係，使語言不再只是一種工具。莊子對此反覆再三：

50 海德格的這一段文字出自 Martin Heidegger, *Existence and Being* 一書，此書為 Werner Brock 所編，譯文部分參考袁保新〈老子語言哲學試探〉一文中所譯引，此文刊於《第一次世界道學會議會前論文集(2)》，中華民國老莊學會編印，民國七十六年出版。

至言去言，至為去為。齊知之所知，則淺矣！（〈知北遊〉）

知道易，勿言難。知而不言，所以之天也；知而言之，所以之人也；古之人，天而不人。（〈列禦寇〉）

荃者所以在魚，得魚而忘荃；蹄者所以在兔，得兔而忘蹄；言者所以在意，得意而忘言。吾安得夫忘言之人而與之言哉！（〈外物〉）

不言則齊，齊與言不齊，言與齊不齊也，故曰無言。言無言，終身言，未嘗不言；終身不言，未嘗不言。（〈寓言〉）

至言去言，言而無言，因言已入於道，道之「無」化解了言之「有」，是故知而無知，不止於其所知；為而無為，不止於其所為。如此，精神活動便可發揮至極點。知「道」之知往往流於言語之辨明，這是一般人之所以「人而不天」的緣故，而古之人知道不言，以言合道而默然，故能「天而不人」，乃超越於世俗之上。得意忘言，乃由於得道運道而以道消解「意」之為害，使「意」與道合，當可於得意而言之際，忘其所言，言而忘言，乃通過語言以入道，並非閉口不言或裝聾作啞。

至於齊物，則已超然於語言之上，超越了言與不言之「不齊」的對立；破此「不齊」，乃齊物最主要的工作。完成了這項工作，吾人語言的功能於是達到顛峰。有言傳達「所知」，無言則追究至「所以知」，並以「所以知」轉「所知」，如此，能所雙運而兩忘，所言終不妨其所以言，所知終不害其所以知。言與不言，知與不知的對立皆在道中，皆可以道之根本理則予以消融。道非知識之對象，然知識之對象盡在道中，知識由此獲致無窮之理趣，任何知識若能不損此無窮之理趣，終可回返大道，施展其表詮大道並以證成生活經驗的功能。

莊子齊物之為知識之理想、生命之理想，乃在知與不知、言與不言、齊與不齊之間不斷轉運吾人生命之創造力，理性之光乃得以大明。莊子的語言批判、思想突破與生命超升，終於其最後最高之辯證——大同之辯[51]，至此，知而不知，言而不言，辯而不辯，為而不為，一切生命之活動皆返其本原，善處道中而體現其所有意義，如此，一切互通

51 郎擎霄認為莊子的辯證法有三大要旨：一、是非之辯，二、相對之辯，三、大同之辯。是非與相對終歸於大同，大同為「達觀大本」，乃澈底解決論爭之道。郎氏又認為莊子以二法止辯：一、以明，二、通一。筆者以為以明和通一仍在大同之辯中，乃止而不止之思想超越。郎氏的見解請參見郎擎霄《莊子學案》，河洛圖書出版社，民國六十三年臺景印初版，第一九三—二〇二頁。

為一，故可見莊子認知之最高境界即其生命存在的最後歸宿。羅光認為齊物論之一（道通為一之一）為認識論之一，然究其原則，則來自本體論之一[52]。本體論之一即道之一。莊子之知識論、宇宙論與本體論同以「道」為立論之根本，「道」為莊子哲學義理統合的一貫要素。可以說，莊子的思想活動終於超語言文字的無止盡的心靈活動中，因此其生命活動一而貫之，其始無始，其終不終。

五、以明與道樞

面對語言，莊子斷言：「夫言非吹也，言者有言，其所言者特未定也。」（〈齊物論〉）郭象注云：「各有所說，故異於吹。」[53]言吹有別，因人言起自成心，而成心限制了吾人之思想，亦限制了吾人語言本已有限之功能，一切爭論由此起。許多爭論「並不是事實的爭論，而僅僅是字面的爭論。」[54]事實的爭論終可平息，因事實之意義源自道，

52參見羅光《中國哲學思想史．先秦篇》，臺灣學生書局，民國七十一年增訂重版，第四九九頁。

53同4，第六三頁。

有其根本之平等性，而字面或語言的爭論則愈爭愈離道，因文字語言的意義極易遭到吾人偏邪之意願所扭曲。所謂「道隱於小成，言隱於榮華。」（〈齊物論〉）道乃大成，小成為是非之兩端。榮華是語言的浮華巧飾，使語言喪失表詮意義的功能。「故有儒墨之是非，以是其所非而非其所是。」在此，不必論及儒墨所是所非的理論內涵，單就儒墨是己非人的思想態度，吾人便可警覺：吾人極易為個人之立場與觀點所限，因此無能自覺覺他，以破除彼此是非之爭。如此，事實的真相便遭湮沒，真理之大全乃無由顯豁。

莊子於是提出「以明」之道，「欲是其所非而非其所是，則莫若以明。」對此「以明」之道，郭象的注和成玄英的疏值得參考。

> 夫有是有非者，儒墨之所是也；無是無非者，儒墨之所非也。今欲是儒墨之所非而非儒墨之所是者，乃欲明無是無非也。欲明無是無非，則莫若還以儒墨反覆相明，反覆相明，則所是者非是而所非者非非矣。非非則無非，非是則無是。——（郭象注）[55]

54 同19，第九五頁。

世皆以他為非，用己為是。今欲翻非作是，翻是作非者，無過還用彼我，反覆相明。反覆相明，則所非者非非則無非，所是者非是則無是。無是則無非，故知是非皆虛妄耳。——（成玄英疏）[56]

郭象和成玄英都把詮釋重點放在「反覆相明」。儒墨雙方代表一切對立之雙方，儒之所是由墨之所非予以取消，而墨之所是則由儒之所非予以取消，此即「所非者非非則無非，所是者非是則無是。」由有是有非至於無是無非，乃是對「是非」作後設的省思，以明彼我之立場及是非之觀點其實不必為對立之格局所限，如此由是非之形式至於是非之內容，皆可一一化入於無彼無此，無是無非的根本原理——道——之中。反覆雙方之立場是破是非之妄的基本方法，而雙方之立場所以能反覆，因雙方同在道中，道本無是無非，以此道之本收攝道之末——有是有非之末，其實是體用相即，本末無殊的原理之運用。對立之立場得以反覆，雙方即可在對立的關係中互相包容，彼此便可設身處地，

55 同4，第六五頁。

56 同上。

作「同情的理解」及「交感的呼應」，進而轉換彼我之立場，以破因執彼我立場所造成的思想迷障。此是「彼之所對」，彼是「此之所對」，彼此同為「所對」，對立之關係其實是一互容而可進以結合的關係。任何一方皆可因以我為他而破我執，因以彼作此而不自外於彼。物物皆自為「我」，皆被見為「他」，我他與彼此皆純屬形式概念，並無實質意義。而自見、被見及相見皆在「相互的主觀性」中，相互的主觀性以其共生的真理內涵能不斷取消所有空洞的意念。如此，各認知主體乃在互動的關係中相照明，共同運作各種認知觀點，共同試探各種認知角度，以共究真理之深度、廣度及無窮的可能性。在此，生命的豐富的有機性提供吾人思想豐富的有機性，思想乃能暢通無阻，理性之大用乃能大顯。其間，後設的省思與相互的溝通須同時進行。由此亦可見：彼此對立之立場有利亦有害，若能善加運用，實有助於人人在思想歷程中自我求進，並相互往還以共進於道，在思想的超升中作更密切的結合，而此密切的結合則極有助於彼此共同的生命超升。莊子以「以明」明吾人思想之盲點，其所展現的開放精神，原與道的開放性同根同源。

「以明」大破是非之妄，尚可從底下幾個角度向無是無非的智慧核心推進：

1.「物無非彼，物無非是。」「彼出於是，是亦因彼。」（〈齊物論〉）物物各具「彼」、「是」之立場與身分，這兩種立場與身分是平等的，彼是平等，不是物與物在存在內容上有著混同的單一性，而是物物以道為共生之場，物物以「彼」「是」相待，相待於相因相生的大系統中，任何一物絕不能自外於他物，自外於他物之物將自絕其無限之生機。等視彼是之認知角度，將可平等對待每一認知對象，同樣尊重每一認知者及其認知之所得，如此破是非，而仍有無數可是可非之可能，這就是「以道觀之」的認知的超越。

2.「方生方死，方死方生。」（〈齊物論〉）生死不過是時間流變的現象，〈大宗師〉明言：「死生，命也，其有夜旦之常，天也。」生死如同晝夜，雖為自然之定數，然其新舊代謝，循環不已，則顯示了生命的連貫性，生死之間並無吾人可加以分析的任何間距。生死一同，同顯生命之豐富理趣。而生死觀念所演成的大是大非，依然可經由「以明」，兩而化之，兼而顧之，從生命現象直超入生命本體，此一戡破生死，乃由理智作前導，而經無數之修為所成。

3.「方可方不可，方不可方可。」（〈齊物論〉）吾人判斷之兩極，亦為「以明」可以運作的對象。肯定與否定各依一定之前提，各經一定之推論，而其前提與推論皆在道所集結的各項認知因素之內，它們彼此可以互通，並作各種轉換，故肯定與否定都不是絕對的，它們同樣可經由相因相生相待的關係在知識的流轉中互作符應。事實流變不定，以事實為對象的各種判斷當有彼此交相運作的各種可能。同時兼顧肯定和否定這兩個認知角度，自可展現理性之全面向度，而除去執一不化的意念陋習。

4.「彼亦一是非，此亦一是非。」（〈齊物論〉）是非起自封閉的理智系統，乃是終結性、固定性的判斷，且已沾滯於反理智之開放性的諸多意念意願中。理論系統一旦開放，是非自然平等展現，而無不可是，無不可非，如此，是非之為判斷之終結，便無任何之必要。各種理論有各種是非之系統，若吾人平等視之，且予無限之包容，則其間之對立將自然消失，理論系統之全面開放勢必演成理論系統之全面發展，則知識整合的理想當可在開放的心靈中逐步實現，而全知之人的出現就有其基於道的原則性之可能及實在性之可能。

此「以明」之道，乃以自然之天則照明心物交應、是非兩行的主客互動之場，是所謂「照之於天」[57]。成玄英疏云：「天，自然也。聖人達悟，不由是得非，直置虛凝，照以自然之智。」[58]此「照之於天」的自然之智是「以道觀之」的智證工夫，它通達一切知

57林雲銘訓「照之於天」：「鑑之以自然之天則也。」意義十分切當，唯心能明鑑，唯自然可作明鑑之根本理則。參見《莊子因》，第六一頁。

識之根本，〈天地〉云：「知通於神，故其德廣。」以廣大之知容物，乃道虛之作用。德廣足以化物，化一切之對立，道虛足以容物，容一切之是非。如此轉有是非之成心為無是非之道心，從對立之境入於絕對之境，彼此不相害，是非不相妨，「終不奪有而別證無」[59]，一切之能知與所知自成相待系統，自行安頓於大道之中，而共趨虛凝之至無之境，以體現大有，以成就大生。如此提神太虛，乃心靈逍遙之遊。

莊子於是全心向「道」：「彼是莫得其偶，謂之道樞。樞始得其環中，以應無窮。是亦一無窮，非亦一無窮也，故曰莫若以明。」（〈齊物論〉）以道為是非之樞紐，是非之間便莫得其偶，其對立性自然消失。是非如環，道處環中，如此中道之觀自可應付無窮之知識課題。道超是非而轉是非，「以明」之道即在此。是非之無窮性隱示一無窮理境，無窮理境通貫一切之是非，是非之無窮正成其理境之無窮。明是非之無窮性，可當下破解是非之對立性；知識的難題促使吾人一心向道，而達到成玄英所謂「彼此俱空，是非兩幻」的境界，這是莊子善用知識之弔詭性的結果。而當吾人一切心思皆貫注於道，自

58同4，第六七頁。
59同上。

可衍生心靈豐富之系統，並因此提高心靈之主動性，這是莊子所以能全心求道行道而以道為生命之中樞的實在緣由。

吾心既已解放於有限知識之外，自可超越於析辨的邏輯之上。在此，莊子是以通神之知超越析物之知，一方面，「不以知窮德」（〈繕性〉），另一方面，「知徹為德」（〈外物〉），析物之知無以窮德，而通神之知則能徹知成德，突破任何所知之障，以發揮吾人廣大之心能。是故莊子不壞知識之邏輯性，而自逍遙於其外。吳康云：「天地一指也，萬物一馬也，推類以往，悉同斯例。凡以明是非可否，由人而生，返之自然，初無分別，則『以明』之所致也。明乎此，則所云指馬，乃莊子獨立示義，初與公孫之論無關。」[60]莊子藉名家之辭，展現自家之義，「天地一指」、「萬物一馬」皆是超越認知之真實所見，有無限之實存義，亦有崇高之境界義。至此，莊子仍以自然為最高之知識判準，「物固有所然，物固有所可，無物不然，無物不可」（〈齊物論〉）「然」指向平等的事實，「可」指向平等的認知，莊子以此取消所有低於道的是非標準，進而從此個體普遍的平等性直指超越世界，「除非將個體存在之範圍予以擴大，納外在條件為內在己有，個體即必受外在

60吳康《老莊哲學》，臺灣商務印書館，民國五十八年修訂臺七版，第九八頁。

控制，而喪失其內在自由。」[61]莊子齊物之目的即在納個體存在之條件為其存在之內涵，以擴大其體現個體價值之範圍。存在條件的外在性可由道樞轉之，由外而內，進而內外無別，以成其生命之一體性，這就是爭取生命真自由的奮鬥過程。

因此只要吾人能善體自然，不離真實之自然，即不離生命之真實。生命之真實有其一致性、一貫性及一體性，道通生命為一，「其分也，成也；其成也，毀也。凡物無成與毀，復通為一。」（〈齊物論〉）物可通而為一，故物可齊。「通」是變與不變的和諧，物在變中朝向齊一之境，不變是道樞。對吾人生命而言，不斷的自我保全自我整合，才能使吾人生命得以不斷「復通為一」，而獲致平等與自由，生命即是一不斷抗拒分裂的過程，生命自有其不斷整合為一的潛能，與己整合為小一，與人與物整合為大一，如此吾心將正而不偏，吾情將暢而不滯，所有人生的價值就可在此心此情的護持之下避免顛倒錯亂。眾狙之朝三暮四、朝四暮三，意謂俗人之自誤於名數之間，而不明道通為一的絕對標準。老子嘆道：「下士聞道大笑之，不笑不足以為道。」（《老子》第四十一章）道之可笑，反映真正可笑的是世俗價值之顛倒錯亂，而以道眼觀之，只要能自覺價值所以

61 同3，第一九二頁。

顛倒錯亂的因由，立可扶正價值之走向。笑裡暗藏人生嚴肅之意味，在相對價值中，不斷進行調整，而不以絕對之價值強行壓制，如此，才可能給予生命平等自由之精神廣大的實現領域。莊子齊物之論即其價值之論，他給予所有的相對價值同等的分量，其實已預設一條開放向絕對價值的生命道路。

為了能安然通過一切相對性並保住一切相對性，莊子提出「天鈞」、「兩行」之說：「聖人和之以是非而休乎天鈞，是之謂兩行。」成玄英疏云：「天鈞者，自然均平之理也，夫達道聖人，虛懷不執，故能和是於無是，同非於無非，所以息智乎均平之鄉，休心乎自然之境也。」[62]又云：「不離是非而得無是非，故謂之兩行。」[63]由此看來，「天鈞」、「兩行」之義和「以明」、「道樞」並無不同。「天鈞」強調均平之理及齊一之境，因均平而齊一，由理到境，乃一貫之道。「兩行」和是非，是和不是合，和是關係的調整，而若強行合之，則可能造成關係的破裂。林雲銘解「兩行」，云「兩行而無分別」[64]是由

62同4，第七四頁。
63同上。
64同16，第六四頁。

分別而無分別，「無分別」指最高的和諧，是心無分別，而非物之混同。莊子以「無分別心」從有心到無心，從有言到無言，他不斷超越語言命題，正如維根斯坦所云：「我的命題在於向任何瞭解我的人闡述如下：當他以它們為階梯，爬過它們之後，畢竟認知它們為非意含的。他必須超越這些命題，然後他才能正視世界。換句話說，他爬過去之後，必須捨棄這階梯。」[65]莊子深諳「超越」的必要性，而其轉命題之意含為非意含，則以其「以齊齊不齊」的方法，以價值的超越為主要導向，並不多作邏輯之解析，莊子得魚忘荃，得意忘言，得道忘知，是不斷在捨棄語言的階梯及思想的跳板。他不斷以後設語言擺脫語言的束縛，並不斷發現語言的謬誤。他不預設邏輯前提，駁斥截頭去尾的因果論，任思想大開大闔，唯以道為依歸。道不是外於吾人生命的條件組合，而是集結一切意義與價值而成的一大整體，此一大整體並非一般性之結構，故理智之分析無能予以解體，情感的渙散亦無能予以動搖。莊子是以真實生命高標物齊之大義，其圓融妙諦在其「天地與我並生，而萬物與我為一」的涵攝系統中，可以作全心的觀照，而完全擺脫邏輯推理的窘境。

65 同15，第二〇九—二一〇頁。

故說以明、道樞、兩行等為莊子之認知方法，須慎予斟定，因它們指向物之全體，以道為唯一的衡準，而不自足於有限之知識。可以說，它們並不生產知識，它們旨在於校正認知的方向，調整認知的態度，而達到認知的最高境界。莊子是以藝術的修養來看待吾人之認知作用，是以天地不言的大美來確保吾人論議之有得於事物之真相，即在完整的生命美善中，不斷照見生命之全真純真。至於道是否可能成為吾人認知的標的，就不是困在所知障中的理智可以得其詳。莊子善轉有限之知，以有限之知逼顯無限之知，他也善用無思無慮的「無知」狀態，以破解自以為知的小知所形成的所知障。〈秋水〉「以道觀之」的「觀的哲學體系」[66]是齊物哲學的高度發揮，完成了莊子的真理論。

66 鄔昆如認為莊子的認識論為一「『觀』的哲學體系」，他在〈老莊哲學「觀」的研究〉一文中說：「『觀』的哲學體系一開始就是道的圓融作為指導原則，從道開始，經由道的過程，最後再復歸到道，人的知識才算真知，人的本體才是真人，人的看法才是真觀，才是智慧的保證。」見《第一次世界道學會議會前論文集(1)》，第八二頁。

> 以道觀之，物無貴賤；以物觀之，自貴而相賤；以俗觀之，貴賤不在己。以差觀之，因其所大而大之，則萬物莫不大；因其所小而小之，則萬物莫不小；知天地之為稊米也，知豪末之為丘山也，則差數覩矣。以功觀之，因其所有而有之，則萬物莫不有；因其所無而無之，則萬物莫不無；知東西之相反而不可以相無，則功分定矣。以趣觀之，因其所然而然之，則萬物莫不然；因其所非而非之，則萬物莫不非。〈秋水〉

鄔昆如云：「這種『以道觀之』的方式，與〈齊物論〉的『照之於天』幾乎是同義的，都有『對立統一』(Coincidentia Oppositorum) 的功能。」[67]在「以道觀之」的基本前提下，所有物之差殊性皆可成為認知的對象，所有的認知皆可統合於最高之認知。因差殊性同具遍在性，故對差殊性之認知是平等的，由此可見物物之平等性，物物之平等性並不取消其差殊性。「對立統一」為理性之功能，以明、道樞、兩行等都在發揮此一功能。「對立統一」可從理性的範疇擴大至存在的範疇，乃真理在存在層級中不斷的成全。

---

67 同上，第七八頁。

「以物觀之」、「以俗觀之」、「以差觀之」、「以功觀之」、「以趣觀之」等正是為了助成「以道觀之」之整全觀，其中包含無數可以互轉互通之境界與層次。在「以道觀之」的統合之下，如此觀法有無窮之可能。一種觀法代表一種實際之認知層次與角度，而於其中平等遍佈道之意義。道之意義使所有的認知層次與角度在對立中獲致統一，所有認知之殊異內涵並不礙理性之大統一；可以說，道的意義使所有的認知終於統合。

普遍真理是有其體現於吾人生命中的可能，而吾人亦可得以自由選擇自己的認知觀點、認知角度及認知立場。在各種以存在事物為認知對象的「真理」之間，吾人可以作合乎認知理則的轉變，而不為某一特定之觀點、角度及立場所限制。由此更可見：莊子企欲破解的是我們對自我理智所得之概念的諸多粘滯，他不斷進行後設的省思，即是為了開發吾人理性之光明，以照耀身陷重重黑暗中的生命。黑暗的形成，主要是來自於生命之自我陷溺於物之表象中，乃遮蔽了那勝過「十日並出，萬物皆照」的道的光芒。道的光芒須由吾人理性的光明與內心的光明共同予以耀現。回返於道，即回返吾人生命之精神泉源。對莊子而言，此一生命之回返本真與知識的淪落下降，正好是雙向的歷程，一逆一順，生命的種種活動於焉展開，而莊子哲理與文思的奧妙亦因此表露無遺。

六、天府與葆光——生命的精神泉源

「精神泉源」雖非嚴格的哲學辭語，但莊子對此確有非常真實的體證。〈在宥〉云：「至道之精，窈窈冥冥；至道之極，昏昏默默。無視無聽，抱神以靜，形將自正。必靜必清，無勞女形，無搖女精，乃可以長生。」此說雖已近於方士養生之說，但可由此肯定莊子的「精神觀」與其修養論、認知論的密切關係。以神守形，即不以形知害神知，「無視無聽」隱示認知的最高境界。莊子的「精神」主要有三義：一、人心之功能，二、生命變化之力，三、生命存在之根本。而精神有其三大功能：一、認知的統合，二、價值的統合，三、存在的統合。此三大統合皆統合於道，皆由道進行統合之歷程。精神所以有各種統合的功能，即因其本身具有「根本」、「歸宿」、「泉源」等主要意義。生命以精神為根本為歸宿為泉源，對莊子而言，殆無疑義。

莊子在追溯吾人生命的精神泉源之際，明白指出「道之所以虧」的知識的淪降歷程：

> 古之人，其知有所至矣。惡乎至？有以為未始有物者，至矣，盡矣，不可以加矣。

其次以為有物矣，而未始有封也。其次以為有封焉，而未始有是非也。是非之彰也，道之所以虧也。道之所以虧，愛之所以成。（〈齊物論〉）

認知的最高境界是「以為未始有物」，「未始有物」指本無之道體，故「以為未始有物」其實是「無以為」，是以理智之體符應道之體，至於與道冥合，無能無所，至此，所有的認知內涵全為第一原理所收攝，故云：「惟達者知通為一。」（〈齊物論〉）這是一切知識的源頭，亦精神之源頭。由此以降，至於「以為有物」，則有了「物」作為認知之對象，只是此物「未始有封」，尚未有所分化。物未分化，知識即未分化，有之為有，乃是未生萬物之「有」[68]，即存有自身。由此再降，至於「以為有封」，物已分化，有已化為「眾有」，已可運用邏輯之各種律則及知識的各種方法加以分析，而所得者即分析之知識，可供吾人論而議之，議而辯之。不過，這仍是吾人理智本然純然之功能，雖其已不

68《老子》第四十章：「天下萬物生於有，有生於無。」未生萬物之有來自於無，「有」尚未發顯「生」之作用，此「有」處於「母」之狀態，即有之為有的「一」的狀態，它有「物」名，乃是「有名」，但尚未有萬物萬有之眾名。「有物」不等於「有萬物」，莊子此一析辯似比老子更進一層。

斷進行足以引發價值活動的各種判斷。再接著下來，便落入吾人的意志活動中，是之以為是，非之以為非，「以為有封」的知識助成是非之肯否，進一步則涉及情欲活動，愛己之所是而惡己之所非，於是知識成為情欲之工具，判斷為認知者之主觀意志所左右，純然的客觀的認知心態已不復存在，至此，無名無形無用的道已幾乎為吾人的認知心所摒棄。

莊子為了自知識所導致的生命困境中解脫而出，乃極力擺脫對吾人認知心有害的「名」、「形」、「用」等概念，以使認知活動回歸知識之本源——道。莊子之所以大倡「無名論」，其主旨亦在此。他用名而貶名，便是為了超脫名，名指一切由概念集結成的語言文字，對道德修養有害的「聲名」亦屬名的一種。「名者，實之賓也。」（〈逍遙遊〉）實為名之主，逐名則離實背實，以至於離道背道。「德蕩乎名」（〈人間世〉），對聲名的追求乃是道德的大害。莊子由名轉向「無有無名」的泰初之境，並不是要吾人停止一切的認知活動，而是要吾人的認知活動轉向存有之本源，由「所」向「能」，再由「能」向「能」之源，以指向存有自身、生命自身，這是將一切知識之作用回歸知識之本體，「是故滑疑之耀，聖人之所圖也，為是不用而寓諸庸，此之謂以明。」（〈齊物論〉）不用而自用，理智自用，其光不耀，而用用回體，知德相應，知乃自明，「用雖萬殊，歷然自明。」[69]乃生命德能之返體自照，如此知識之層級大通，知識之方向則殊途而同歸，知識之為工具，便將不礙吾人向「夫大人者，與天地合其德，與日月合其明」（《周易．乾卦．文言》）的境界前邁。不矜己能，不耀己明，將小有轉入於大有，將小我轉入於大我，這是一種「精神的洞見」，精神的洞見在洞見知識於精神的無窮開放性中，無所執持，而不以其固定之知識結構妨害吾人進向道境的自我超越，如此，是人在真理之中，而真理並非只是理智的產物，乃是生命之真、存有之真，「真」成為生命存有之超越屬性，由真入有，由全真入全有，莊子的真理乃生命之光輝，人真物亦真，〈庚桑楚〉云：「宇泰定者，發乎天光；發乎天光者，人見其人，物見其物。」一切都在真理的光照中，天光即是道的即體顯用，亦理性之全體大用，一切物用乃全在道用之中，故云：「庸也者，用也；用也者，通也；通也者，得也。」（〈齊物論〉）得者得道，用者用道，通者通於道；真理貫以道，則無不得無不用無不通。吾人理性用道不用物，為道所用而不為物所用，真理乃常在而遍在，「真」為道之根本價值，吾人生命在真中可以與道永合為一。

在此，無始無終的時間序列對認知之超越作了直接的保證，而從有到無，再從無到

69 郭象注「以明」，見《莊子集釋》，第七八頁。

無無的超本體論更提供認知活動無止盡的超越的可能：

有始也者，有未始有始也者，有未始有夫未始有始也者。有有也者，有無也者，有未始有無也者，有未始有夫未始有無也者。（〈齊物論〉）

此一反知識淪降的逆推是不可能有知識系列的終點的。莊子在此有意陷邏輯推理於窘境，故照實呈現推理的「無窮後退」。而莊子不走這一條推理之路，反吾人對解析性知識的執著，乃以虛靈之心觀照生命之真及存有之真，而直接與存有的無限性相即相應，直指老子「無名，天地之始」（《老子》第一章）。莊子更在此道的本體論及道的認識論上大作翻轉：既已「無」而「無名」，又何「始」之有？乃於肯定道為「無」之際，同時大破「無」之為概念及「始」之為概念。在無窮的推理之外，莊子是已對吾人認知之過程作了徹底的清理，而不以「本體」為所知之境，其超本體論的超越意義主要在此。他以此超越，超離時間連續之相狀，解脫因果連環之鎖鍊，進入玄冥大通的道的世界。至此，生命大有乃得以大全，「天地與我並生，而萬物與我為一」，一切生命獨體相照，一切生命系統共融互攝。莊子乃嘆道：「無適焉，因是已。」這是就生命論生命，就系統論系統，亦即就道論道。成玄英疏云：「故無所措意於往來，因循物性而已矣。」[70]所以能「因循物性」，因物性已入於道，而知已與道合。

對莊子的超本體論，吾人仍須有所詮定：

1. 超本體論不在主客、能所對立的認知系統中。若尚有主客、能所之對立，則認知的超越意義將無由體現。

2. 超本體論是批判性的認知活動，非一味的否定論或懷疑論。超本體論仍有其不可移除的前提：存有自身、生命自身、價值自身。超本體論旨在發現存有、生命、價值三者的基本而一貫的原理——道。運用此一原理，存有、生命與價值便可在吾人認知與人格修養的進程中合而為一。

3. 超本體論並不破本體論，而是為了徹底完成本體論，不使道之為有妨礙道之為無，不使「存有」的絕對意義落入靜態的時空及有限的意識狀態中，不使知識成為生命智慧的阻障，而使道為本體之意義永立定於動態生命歷程中。

4. 超本體論強調道作為生成原理之意義，而生成原理本具豐沛的生命意義。道為天

70同4，第八三頁。

地大有的生成原理，亦為吾人生命之超越原理。「為道日損，損之又損，以至於無。」（《老子》第四十八章）「損之又損」即生命之超越，莊子循此「去德之累，達道之塞」（〈庚桑楚〉），更展現了勇猛精進的生命氣魄。知識的淪降導致生命的淪降，而知識的超越引發生命的超越。此超越意義乃在知行相應的生命一體性中，超之又超，超其所超，而永不離道樞，因知行已於道中合一，為無為，用無用，知無知，生命乃在超越之中日趨圓融完滿[71]。

莊子對老子「道之生一，一生二，二生三，三生萬物」的宇宙生成原理，即以超本

71 方東美析分形上學為三態：一、超自然（即超絕）型態 (Praeternatural)。二、超越型態 (Transcendental)。三、內在型態 (Immanent)。他認為中國哲學的本體論為「超越型態之形上學」，本體既超越又內在，從而建立一套內在型態之形上學，因此中國哲學避開了超自然形上學可能導致的二元論。就超本體論之立場而言，老子的道乃是無限真實之太一或元一，道之體相用渾為一體，而入於無，老子即以「無」建立一套超本體論系統。關於方東美此論見，可參閱他所著《中國哲學之精神及其發展》（上）中譯本第二七－五四、一六九－二〇六頁及《生生之德》第二八三－三二〇頁。筆者認為莊子以「無無」再超越老子之「無」，其超本體論之色彩似更濃厚，而其本體（道）之內在性也更為明顯。

體論的超越觀點，作了深層的詮釋，並同時對道之為言(Tao as Language)，作語言之分析，以超越一切二元之對立，以解決道在生成歷程中所引發的問題，其中最棘手的就是道之在己與道之在吾人認識，這兩者之分合所構成的根本的弔詭。故有論者謂莊子對老子作了創造性的詮釋，並稱莊子為語言分析專家，而以「超形上學」彰顯道的形上意義[72]。在此，吾人當可發現莊子以「無無」解決了「有」與「無」可能引生的二執二分，

---

72 傅偉勳在〈老莊、郭象與禪宗——禪道哲理聯貫性的詮釋學試探〉一文中，引〈齊物論〉這一段文字：「既已為一矣，且得有言乎？既已謂之一矣，且得無言乎？一與言為二，二與一為三。自此以往，巧歷不能得，而況其凡乎！故自無適有以至於三，而況自有適有乎！無適焉，因是已。」他認為莊子以此詮釋老子：「道生一，一生二，二生三，三生萬物。」此一有關「道原」的弔詭語。於是他說：「莊子在這裡不但充當（東西哲學史上）第一位語言分析專家，消解『道原』為『道言』(Tao as Language)問題，同時已暗示著一種超形上學的突破，我們在這『突破』可以發現莊子哲學的深層結構。」又說：「莊子的超形上學的突破，首先揭開了超形上學（不可思議，思維的超絕）與形上學（存在思維），道體（終極存在）與道原（存在彰顯），以及無名無言與有名有言之間的弔詭奧秘。」以上參見傅偉勳《從西方哲學到禪佛教——「哲學與宗教」一集》，東大圖書公司，民國七十五年初版，第四〇九頁。

將吾人從思想之自我禁錮中解放出來，而以不偏不倚的中道觀體道行道；一方面在「有」的系統中不斷實現道的生成義，一方面在「無」的超越的思惟中不斷完成道的終極義。如此，有無雙運，道為本根的絕對基設 (Absolute Presuppositions) 除了具有本體論與宇宙論的意義，也同時足以突破形上思辨的種種問題。「無先於有」或「有生於無」，證成道為本根的原始命題；而由無再至於無無，最後以「至無」的無窮義涵消解一切由「有」「無」所肇致的言與不言、知與不知等問題，這對吾人從認識到實踐的修為有直接之助益。莊子之自人心上轉為道心，自機心上化為無心，皆是「有無相生」之超越原理在吾人生命中的實際運作，而道之遍在性及無窮性也由此開展。莊子善解存有與意識之關係，即由道心之體道而不執道為體的虛靈作用加以掌握，這便是「有無相生」的超越的功能，故可說：「有無相生」為齊物論之基本原理，對「無」的後設的省思，開發了道的超越的形上義涵，以及萬有的超越的屬性，而不執有不溺無的中道精神，當是莊子認識論及實踐論的一貫風格，莊子對知識及語言的態度，可以從此有無之辯證加以斟定。

莊子一如老子，不走「為學日益」(《老子》第四十八章) 的路子。他對積累性的知識活動採取十分保守的態度：「六合之外，聖人存而不論；六合之內，聖人論而不議；春秋經世先王之志，聖人議而不辯，故分也者，有不分也；辯也者，有不辯也。」(〈齊物論〉）面對分而不分的事實世界，莊子不願意多作分析，更盡量避免作價值之判斷，而設法讓物物自顯自明，並因此了然知識之限度。當然，其知識系統仍有十分明顯的層級：「存而不論」指向「未始有物」，「論而不議」指向「未始有封」，「議而不辯」指向「未始有是非」，至於一般之思辯則已入於是非之境。由此看來，知識的意義有高低之無窮級距，莊子企圖從低處向高處，遙指道的超越意義，因此他認為「知止其所不知，至矣。」（〈齊物論〉）止於所不知之知乃至高之知，所不知者是道。道的超越意義使知止於道之知完成了知識意義的窮極過程，這是一種高超的生命涵養，由知轉德，再以德照應知，知德於生命中合而為一，吾人乃能在道中體現生命之理想。

至此，莊子進入玄妙的密契經驗中，「孰知不言之辯，不道之道？若有能知，此之謂天府。注焉而不滿，酌焉而不竭，而不知其所由來，此之謂葆光。」（〈齊物論〉）不言而能辯，不道乃是道，一切語言文字之意義完全統合於道，如萬川入海，入於自然的府藏中，此自然的府藏即生命的精神泉源。郭象注云：「任其自明，故其光不弊也。」[73]成玄英疏云：「至忘而照，即照而忘，故能韜蔽其光，其光彌朗。」[74]光是理性之光、生命之

73同4，第八九頁。

光。因自明而有光，因有光而見生命之真，這是見道得道的歷程，是認知的自我超越，「即照而忘」是在得一知識產物之際，立即以高一層次的悟性知見超越之，而不為此一知識產物所限所困。莊子是置身於理趣洋溢的道的世界中，難怪他會嘆道「不知其所由來」。道使任何認知過程皆無所由來，唯由道來，吾人之認知是有其如同道所具的自本自根性。

〈天地〉象罔得玄珠之喻，與此「天府」、「葆光」異曲同工。玄珠喻道，道乃知識之寶、人生之寶；象罔無心，故能得道；有心有知，便落入一曲之見中，而與道無緣。所以無心，是為了與道合，與生命之精神泉源相會通。無心之所無，乃在去除對知識的執著、對概念的拘滯及對意志情欲活動的沉溺。〈知北遊〉云：「精神生於道。」道生精神，然吾人不知其所由生，因一切生命皆在精神所本的道中，精神使道於生就殊別的物性之際，不致陷落其中。生命由精神變現，故生命莫非精神之生命，生命之精神性使生命不致為物之有限性所限，亦不致為物之變化性所困。生命之精神使吾人之認知活動永在生命一體性中，永向大通之境，吾人又何必於其間拘執知與不知，「庸詎知吾所謂知之

---

74 同上。

非不知邪？庸詎知吾所謂不知之非知邪？」（〈齊物論〉）成玄英疏云：「知即不知，不知即知。」[75]道取消了知與不知的界限，這不是反邏輯，而是超越邏輯的立足點，來看待認知的功能，並以發現知識真正的意義。對知與不知無所措意，便能進行精神之解放。在道的全面照應之下，知與不知無所分別，乃有別而無別。就低層次的意義而言，知與不知有別；而就高層次的意義而言，此一「有別」已然喪失其意含。「無分別心」如此向上超升，終於對「生死」無所分別，超越吾人堅持生死有別之概念。「至人神矣，大澤焚而不能熱，河漢沍而不能寒，疾雷破山風振海而不能驚。若然者，乘雲氣，騎日月，而遊乎四海之外。死生無變於己，而況利害之端乎！」（〈齊物論〉）生死變化不過是道在形器世界中無數變化之一環，只要不離道，生即不生，死即不死。莊子確信精神生命無所謂「死亡」，他取消「死亡」之意義的高明手法，在〈齊物論〉及〈逍遙遊〉兩篇中皆有精采的表現。他不是以永生破死，他一方面保留生死變化的「現象的意義」，一方面則以道的本體以至於超本體的意義超越之，使此一生死現象的意義終歸於「無意義」，因唯有「道」能賦予生命意義。故莊子不論生前死後的世界，卻能通過生死變化，以至於「死

75同4，第九二頁。

生無變於己」，雖有生死而無所變，無所變的是生命的主體、精神的主宰，莊子有關真人至人的神話即在顯示精神之為生命主體之根本義及永恆義。

七、蝶夢與物化——生命之覺悟與超升

至人的境界乃是生命超升的境界，至此，齊物論已在生命超升的歷程中達到與逍遙遊同樣的高度，這是真知的效應，亦是精神的鍛鍊。「眾人役役，聖人愚芚，參萬歲而一成純。萬物盡然，而以是相蘊。」(〈齊物論〉)經心靈知行並進的長久淬礪，生命終於去蕪雜而成精純，順合化變而一變化，終回返「萬物盡然」之自然與統一，多復歸於一，終保全生命之為一。「體道之士，忘知廢照，芚然而若愚也。」[76]既已體道而與道合，又何愚之有?謂之「若愚」又何妨其玄冥之智?此種似愚而智的弔詭，老子已先用之:「眾人熙熙，如享太牢，如春登臺，我獨泊兮其未兆，如嬰兒之未孩，儽儽兮若無所歸，眾人皆有餘而我獨若遺，我愚人之心也哉，沌沌兮，俗人昭昭，我獨昏昏;俗人察察，我

76成玄英疏解「聖人愚芚」，見《莊子集釋》，第一〇二頁。

獨悶悶。」（《老子》第二十章）體道之士不僅能洞然於知識之弔詭，更能穿越生命之弔詭：

夢飲酒者，旦而哭泣；夢哭泣者，旦而田獵。方其夢也，不知其夢也。夢之中又占其夢焉，覺而後知其夢也。且有大覺而後知此其大夢也，而愚者自以為覺，竊竊然知之。君乎，牧乎，固哉！丘也與女，皆夢也；予謂女夢，亦夢也。是其言也，其名為弔詭。（〈齊物論〉）

這不是消極的一味感嘆「人生若夢」，而是企圖在夢與覺之間參透生命的消息。夢其實無所夢，故覺其實無覺。大覺得道，此是不可稍息的無窮歷程。得道無言，故吾人不可以言語概念拘執於某一「夢」或「覺」的情境裡。大覺永在覺悟的過程中，因夢有覺，借假修真。夢覺不只是時間連續狀態中剎那之所得，而是生命無窮境界中層層之所現，故「弔詭」不只是對人生怪誕的描述，更隱示生命艱難之辯證，非以吾人全副之心力赴之不可。穿透夢覺之分際，即可戡破生死之分際，這又是「自然」的即體大用，所謂「萬物一然」，「無物不然」[77]，故能「參萬歲而一成純」，貫時間而成就一己之生命，永保生命質素之純真，乃是「一變化而常遊於獨者也。」[78]生命之成由道成，而此生命成就古今如一，人我無殊，已不再有價值高低之判，故郭象注云：「道行之而成，則古今一成也。」[79]

在此由夢而覺，由小覺而大覺，以迄覺行圓滿而入於道的生命超升歷程中，莊子不承認有真正的仲裁者。唯道能仲裁是非，此仲裁已非一般之仲裁，因道本無是非。破此「仲裁者」的概念，不僅可避免思想之專制，不至於落入一更難破解的是非困境，而且可以保證思想的無窮性能在生命的開放性中，展現以道為最後歸趨的動態路向。因此，莊子主張「和之以天倪，因之以曼衍」以解決一切因是非而起的爭端。郭象注云：「和之以自然之分，任其無極之化，尋斯以往，則是非之境自泯，而性命之致自窮也。」[80]任物自然，而自然之化一往無極，如此由「是非之境自泯」至於「性命之致自窮」，以無窮

77 郭象注「參萬歲而一成純」，見《莊子集釋》，第一〇二頁。
78 同上。
79 同77。
80 同77，第一〇九頁。

之知識系統開發出生命系統之無窮內涵，其中並不需任何是非之仲裁，而思想之調和乃在自然大化中進行，任何一種思想自有其終歸於道的理趣，故可並行同運，不相妨礙。至於思想之調和足以導致生命之調和，乃是莊子修養論的主要根據。他是以無窮對付有窮，以無限對付有限；置身有限的時空中，以「無何有之鄉」為其生命之理想歸宿，而設法逐步化除生命之有限性，在有窮之境展現生命之無窮性，借有限之物具現精神的無限義涵。如此渾同生死，齊平是非，兩行無礙，一切終入於無無玄境。至此，相對之有歸於絕對之無，道之體用一時俱現，一多於焉無礙，同異於焉相即，一切事物相需互攝，一切條件如因緣流轉，生而不生，滅而不滅，似已有佛家「無盡緣起」的況味[81]。

81「無盡緣起」為佛教四種緣起之一，又名「法界緣起」，是華嚴宗的緣起法門，一切法互為緣互相起法。緣一法而起萬法，緣萬法而起一法。一多無礙，理事無礙，大小相融，一入一切，一切一入，一即一切，一切即一，而周遍法界，舉一全收，同時具足，相需相攝，重重無盡，其義無窮。「無盡緣起」究極於「十玄緣起」之事事無礙圓融無盡的妙境，則已上達於佛法之最高義諦。楊政河在《華嚴經教與哲學研究》一書中如此解說：「華嚴宗所說明的是法界緣起，認為法界中的一切諸法，無不互為緣起，這是以盡法界的量來作緣起，因為法界的量無盡，故又稱為無盡緣起。」（第四一四頁）「無盡緣起」總括一切事物之關係，以一關係論一切之關係，以一切之關係論一關至此，〈齊物論〉的脈絡終於「忘年忘義，振於無竟，故寓諸無竟。」（〈齊物論〉）「無竟」指無窮的生命系統，是生命入於道所展現的無窮境界，窮年而忘年，盡義而忘義，知而後忘，故能窮年盡義，通過生命的時間性以體現生命的理想性與永恆性，此是真知所開拓的人生境界，〈天地〉云：「知通於神。」唯知能通神，通神之知能使生命之物質性為其精神性所轉，此即「心能轉物」，乃是真知之大功，如此，真知與吾人之生命精神永保通暢之脈絡，而使一切生命在精神大域中統合成「大一」、「知大一」（〈徐无鬼〉）即知道，此知道之知已然貫澈一切之知，表現了生命主體最大之自由。莊子企圖透過齊物之生命認知論使生命之主體性與萬有的客觀性浹化為一，以轉此自然天地為美善之世界，吾人生命乃因此獲致高度的精神自由，而能在無窮的生命系統中自由發揮其生命意義，是所謂「振於無竟，故寓諸無竟。」一切因現象之形器限量所造成的隔閡與阻

係，而將所有事物都放置在無窮無盡的關係中，以此看待精神生命的究極發展，其運用「關係邏輯」，已到了無與倫比的地步。莊子「振於無竟，故寓諸無竟。」也採用同樣的手法，將無量之物展向無量之生命系統。只是莊子之「自然」較富流轉、循環的意義，而「無盡緣起」則旨在破實有自性，以真如心轉一切物，其不動無變的精神目的較為顯著。

障於是一時俱破。

郭象解「忘年」為「玄同死生」，忘義為「彌貫是非」，並云：「至理暢於無極，故寄之者不得有窮也。」[82]暢於無極之至理即是道，至理暢一切之理，合一切之理，乃是道之本義。成玄英疏云：「既而生死是非蕩而為一，故能通暢妙理，洞照無窮，亦無無窮之可暢，斯又遣於無極者也。」[83]無窮一無窮，無極一無極，連「無窮」「無極」之為概念亦須即時破解，亦不可存於心。如此生命便將如飛龍向天，永在「向天」的生命大運動之中，無待一無待，無心而自化。「周與胡蝶，則必有分矣。此之謂物化。」（〈齊物論〉）〈齊物論〉在此暫下休止符，其實一切並不休止，一切仍在無窮的動態歷程中，物物有分，物物自化，因有分而自化，是物物自化於道，乃生命之自我覺悟與超升，而不是自然現象之流轉與變化。成玄英疏云：「故知生死往來，物理之變化也。」[84]此「物理」非指一時一地一物之理，乃是全物全理，即全生命之理，它不是分析知見之所對，

82同4，第一一〇頁。
83同上。
84同4，第一一四頁。

而是返本歸宗的精神洞見。王夫之解云：「夢也，覺也；周也，蝶也，孰是而孰非？物化無成之可師，一之於天均，而化聲奚有不齊哉？此以奪儒墨之所據，而使蕩然於未始有無之至齊者也。」[85]「未始有無」乃至齊之境，而物所以能化，即在以「未始有無」之道統括一切之變化，故物化即至齊之境。由此可見，齊物始終不離道樞，不離平等而自由的生命精神，莊子是發揮了旋乾轉坤的生命力，造就了「一椿齊同萬物於精神昇揚之偉大運動」[86]，此一偉大運動結合了思想運動與精神運動，終以高妙之哲理完成生命運動；在此生命運動中，生命之自化乃是全然主動的，而非隨波逐流的宿命作風。在此，我們可引〈天運〉、〈則陽〉等篇相關之文字作為佐證：

不與化為人，安能化人？（〈天運〉）

冉相氏得其環中以隨成，與物無終無始，無幾無時。日與物化者，一不化者也。（〈則陽〉）

85見王夫之《莊子解》，第二九頁。里仁書局《莊子通·莊子解》合刊本，民國七十三年出版。

86同3，第二〇三頁。

夫聖人未始有天，未始有人，未始有始，未始有物，與物偕行而不替，所行之備而不洫。（〈則陽〉）

與化為人，人人在自然大化中，人人因得道而返自然，故自化而化他，自他在大化中化而不化；物化而一不化，因得其環中，不化者乃生命之道。故能無終無始，無幾無時，因已守住生命之本真，恆定於生命之永恆大義，而能「與世偕行而不替，所行之備而不洫。」入世無心，生命力乃永不消退，生命內容乃永遠充實完滿，這是修德的極致，亦即生命歷程回歸於道的大順之行。

齊物論兼顧生命的覺悟與生命的超升。生命因覺悟而超升，因超升而覺悟，兩兩互動，其間遍佈有機之脈絡，吾人是可從任一層次任一角度進入莊子浩瀚淵深的義海中。故可見莊子之認知論不以認知為已足，亦不僅止於某一定義某一系統，其覺悟乃在悟入生命之本真，其超升乃向生命之理想作最大的努力，而兩方面須同時並進，其間互動之關係須永遠維持。

在暢飲甘美的生命活泉之際，我們尚可從莊子齊物哲學獲致兩點啟示：

1. 莊子的「有是有非」與「無是無非」並不自相矛盾。以「無是無非」取消「有是有非」，已超乎一般之邏輯思考。若停留在同一概念層次上，執持「無是無非」以無一種是一種非，則「無是無非」之為概念，並無實質之意義。如此，「無是無非」又怎能發揮其泯除「是非」概念之功能？故莊子之肯定是非與否定是非，須是在無數的概念層級中，不斷以高一層的是非，取消低一層的是非，以一再撤除吾人思想之藩籬，至於最高一層的是非，則已無是無非，而其面對下層之概念，仍可大是大非，以除去無數之小是小非。面對一切行動的價值標準，吾人同樣可以運用此一超越是非的方法，超越吾人行動之幅度，而終上達思想與行動的源頭，即概念與價值共生的根本──道。道雖與物無際，所謂「不際之際，際之不際」（〈知北遊〉），不際之際為物物之分，而際之不際則為大道之彌合萬物；然以道觀物或以物觀道，皆有以道為標準的大是大非。放眼天下，莫不是莫不非，莫不是成其大是，莫不非成其大非，吾人乃能在大是大非的無窮義理中大死大活，展現真實之生命。故是非之泯除不是平面的掃除，也不是單方向的突破，乃是辯證的大包容，而此一辯證是無量而多向的。

2. 真實的自由來自思想的自由，而思想的自由植根於生命的超脫與心靈的解放。同理，理想意義的民主須以個體之獨立性為礎石，人人當體自足，進而在才性與德性兩方面不斷地自我超越。真民主是價值的真體現，真自由是心靈的真解脫。無道德即無真民主，喪失價值的內涵，生命即無真實之意義；無平等即無真自由，離開生命共同的立足點，自由將成浪漫的幻想。莊子以齊物之論發現平等之真諦，特別注重平等的精神義及根本性，而將平等的精神貫澈於千差萬殊的個體生命之內，這未嘗不是莊子齊物哲學對我們的重大啟示。

綜觀本章，大體採取「以莊解莊」的方法，試圖將齊物論本具的系統開展出來，故本章系統之設定及哲學語詞的運用，盡量以莊學為準；在進行概念的詮釋之際，同時顧及莊學之基本精神。

本章所分設的七個小節，即依循〈齊物論〉原有之次第。各小節之間有一貫的系統，是在莊子認知論的主要課題上，由「道樞」所開展出來的。由於莊子注重認知的內外、是非等問題，一方面又注重道之體、用及有、無等超越概念在認知系統中所發揮的作用，故莊子認知的超越，一方面是以滿全自我生命為旨歸，其系統是循環往復的；另一方面，則由下往上超升，其系統又是無窮無盡，無始無終的。這兩個系統其實是一個系統，故本章各小節之義理環環相扣，在交應的發展情態中，又一齊趨向認知之目的。道的目的意義一直貫注於莊子的認知系統中，這是莊子認知論的一大特色。

在齊物的至高的理想之下，認知之概念與精神之意義以相即相應的關係逐漸朝向統一之境，莊子因此避免了知識可能之二分及生命可能之二分，而生命的有機性乃與思想的有機性始終相應，心靈的主動性即由此而來。所謂「生命的有機性」指的是生命在各種存在物的關係中的歷久不衰的活動性，所謂「思想的有機性」則指思想在各種概念的關係中的歷久不衰的活動性，兩者乃一體相關的，莊子在這一體相關性中，一方面設法明白吾人之語言如何建構起「自我意識」，一方面則透過語言與世界的互動性、銜接性，建立了生命主體與主體間的關係，假我所以能破，物我所以能合，關鍵在此。

了解了齊物論所開展出來的創造性的認知系統，吾人便可進而確立真理的普遍性。莊子並未以認知的手段試圖建構所謂的「普遍的真理」，而是以知德合一的超越性的生命涵養，將真理的普遍性具現於生命的真實性中。至此，思想語言的創化功能便可發揮至極點，而本體論的「體」、「用」等意義就可在生命理性的無窮系統中，與認識論所設定的「體」、「用」等概念相契合，一切生命之對立（最嚴重的是內外之對立）也就可在不斷的創化活動中逐漸被消除。故可見莊子的哲學課題不僅是認知的，並且是精神的，「精神生命」的意義乃因此確立。卡西勒云：「所謂精神生命，正不外就是把一些本來是統一的予以分離，以便能夠進一步以更為確實的方式，把這些被分離的重新結合統一。」[87]莊子之看待精神生命，注重的是分而後合的歷程，其間有象徵性的各種精神意義，其統一生命的確實的方式，由齊物論予以建立，而由逍遙遊作高度的發揮。由此，莊子關注每一個個體，每一個個人，以及每一個個人的生活奧祕。對萬物存在的具體性及個人存在的具體狀況，莊子以「道」平等待之，不作有限的理解，而試圖透過個體之存在，證實超越之可能；並透過人性之本質，體證普遍真理與個別經驗的合一。從個人之為基本價值之主體，至「人而神」的精神的超越界，莊子是以齊物與逍遙的一貫進路，在整合各種差殊性的人的統一範疇中，達成由物理、生理、心理、以迄精神理趣的全面的了解與澈底的轉變，而完成其結合認識論與本體論的一元系統。

87 見卡西勒 (Ernst Cassirer)《人文科學的邏輯》，關子尹譯，聯經出版公司，民國七十五年初版，第八七頁。

第九章 逍遙的生命境界論

由齊物論而逍遙遊，由生命之認知而展現生命之境界，所以如此理定莊子生命哲學的脈絡，理由有三：

1. 生命發展的先後次第須予基本之尊重。無發展，即無生命；無次第，即無發展。在紊亂的生命秩序中，吾人實無法作理性之思考。

2. 生命之精神是普遍的，一貫的，可以有立即之成就的。生命發展之秩序即為闡揚此意義。唯有在此即知即行的生命精神引領下，生命之認知原則才能大明，生命之實踐意理才能大顯。

3. 齊物論側重平等之意義，逍遙遊側重自由的精神；平等乃自由之基礎，而平等須由理性護持，自由則在廣大的生命領域中，展現生命真實之內涵。莊子的生命所以能獲致究竟的解脫，終不落夢境與幻境，其故在此。

〈逍遙遊〉為《莊子》首篇，全篇是一連串的故事，看似無什連貫，然其寓言之一貫意理則昭然若揭：世上各種有生之物之類別、形態、生存能力及環境等雖互異，然生命存在之基本目標則有其一致性，基本立場亦有其旁通性。在各物之性分內，各物皆可作相當程度之「逍遙遊」，此乃生命精神的普遍性所致，各種生命之所以能「各正性命」，其緣由亦不外乎此。莊子所以大引各種生命怪異之事，即為表現生命超卓之創造精神，並寓含戲劇精神於其中[1]。

叩就「逍遙遊」一詞，莊子開宗明義，大舉揮灑其生命哲學之玄妙義理。可以說，整個莊子生命哲學乃在為生命之逍遙作準備，「逍遙遊」有其極豐富的哲學意義，亦有一般哲學理論所共同企望的高度的理想性。逍遙之生命為莊子生命哲學最高之典範，它將生命之實存性提升至最高最真最純的地步。逍遙之生命所體現的自由精神遍佈《莊子》全書，逍遙之樂乃自由之樂，為莊子人生最高之幸福[2]。

1 莊子哲學的戲劇精神在〈逍遙遊〉流露無遺，此一戲劇精神即生命之創造精神。而生命怪異之事，最能表現生命之創造精神。莊子所以大量地運用神話寓言，其故在此。關於鯤鵬之喻，林希逸云：「《齊諧》，書名也，其所志述，皆怪異非常之事，如今《山海經》之類，然此書亦未必有。莊子既撰此說，又引此書以自證，此又是其戲劇處。」見林希逸《莊子口義》卷一第二，弘道文化事業公司，民國六十年初版。

2 林希逸云：「逍遙遊即《詩》與《論語》所謂樂也。」又云：「無何有之鄉，廣莫之野，言造化自郭象注「逍遙遊」：「夫小大雖殊，而放於自得之場，則物任其性，事稱其能，各當其分，逍遙一也。」[3]此純以「自然」注逍遙，任性、稱能、當分，皆是「自得」之具體表現，此亦即物物自然，足於所足的存在理境。若僅以此義解逍遙之遊，似有受制於物能，受困於物理之可能，終究無法表現「自然」之真實義，也將無法完全展現逍遙物外的生命超越之風格與精神[4]。「自然」是須與「超越」在始終一貫的意義中合而為一。而「自得」非一般意義之「自足」，而應具有生命之無窮性，得而無得，無得而得。如

然至道之中，自有可樂之地也。」見《莊子口義》卷一第一及卷一第十六。

3 見郭慶藩輯《莊子集釋》，河洛圖書出版社，民國六十三年臺景印一版，第一頁。

4 吳怡認為郭象以「足於其性」注逍遙，是錯誤的，郭象所謂的「性」局限於物性，已非莊子逍遙自然之性。吳怡此一看法，請參見吳怡《逍遙的莊子》，東大圖書公司，民國七十五年再版，第一八頁。方東美認為郭象此注乃「小市民的心聲」，有自我滿足，自我封閉的意向。而支道林以「無待」解逍遙，則發揮了莊子「精神解放」的哲學意涵。方東美此一看法，請參見《原始儒家道家哲學》，黎明文化公司，民國七十二年初版，第二四六－二四九頁。黃錦鋐云：「逍遙之意，是欲心意自得，而重在無為，人不能逍遙，病在有為。」他認為郭象此注不是莊子逍遙的本意。黃錦鋐此一看法，請參見黃錦鋐《新譯莊子讀本》，三民書局，民國七十六年七版，第五四頁。

此，各生命體才能彼此開放，而不自我封閉；且互相合作，一起邁向生命超升之路。

支道林〈逍遙論〉云：「夫逍遙者，明至人之心也。莊生建言大道，而寄指鵬鷃。鵬以營生之路曠，故失適於體外；鷃以在近而笑遠，有矜伐於心內。至人乘天正而高興，遊無窮於放浪。物物而不物於物，則遙然不我得；玄感不為，不疾而速，則逍然靡不適，此所以為逍遙也。若夫有欲當其所足，足於所足，快然有似天真，猶饑者一飽，渴者一盈，豈忘烝嘗於糗糧，絕觴爵於醪醴哉！苟非至足，豈所以逍遙乎！」[5] 郭慶藩明言：「此向郭之注所未盡。」[6] 支道林此說確已超越郭象，直指莊子本懷，頗能闡明逍遙之真諦。解析其主要義理，約有下列數點：

1. 逍遙是至人之真實的生命精神。有至人，方有逍遙，正如有真人方有真知，而逍遙之生命精神正是使至人成其為至人的本因，非至人不能逍遙，不逍遙亦不成其為至人。

2.「逍遙」超越譏笑、憐羨、矜伐等心理，以至於超越各種尚可能下墜的心理傾向，而完成吾人心靈自我超越之最高成就。

---

5 同3。

6 同3。

3. 逍遙乃在物之外、物之上，為生命之自作主宰，物物而不物於物，然其自作主宰並非執持有一我之自我作主，而須透過無我、無心等心靈解放工夫，方可達成，此等同於老子「為而不恃，長而不宰」（《老子》第五十一章）的元德。

4. 「逍遙」超越量化的時空，故物能當下挺立而上舉，「玄感不為，不疾而速，則逍然靡不適。」自適而無不適，則已超乎方所，超乎速度，超乎生命之各種條件，乃精神之崇高悟境，其於一念之間橫亙古今，其於一點之上周遍穹蒼，生命之創造乃無所不現，無所不成。

5. 逍遙不僅止於「足於所足」，而須力求生命之進步與革新。「至足」非一般意義之「自足」，乃自足於「遊無窮於放浪」的無窮的生命歷程，故「至足」其實無所足，因生命永在無窮的歷程中。無窮則無所待，無待則真解放。逍遙而無待，無待而逍遙，生命問題之澈底解決是逍遙的基本前提，生命條件之完全轉納為生命之內涵，是無待的真實意義，亦即生命之真實性必經的成顯之路。

6. 物之性分是逍遙的起點，而非逍遙的終點。逍遙始終於道中，限量之性分乃一時一地之假借，生命的基礎不在某一形相或狀態的界定，而有其超乎物質的精神意義；生命的目標不限於某一生命能力所指向的範疇，而是道所開展的全生命的向度。

于鬯在〈莊子校書〉案云：「逍遙可作須臾解。《楚辭．離騷》『聊逍遙以相羊』，蕭統《文選》：逍遙作須臾。」[7]此「須臾」之義可與前述第四點意義相互發明。生命精神雖因生命存在條件之故，而往往運作於有限時空之內，然就精神之主體，吾人並無法以某一時空之據點、角度或段落加以揣摩，其意義是超乎一定之時間與空間的。有限的生命個體皆須走出自己的時間性與空間性，才能獲得精神解放，而具體實現生命之精神意義。精神解放旨在於超越假我見真我，而假我在不斷流逝的時間流裡，藉剎那之念生生滅滅，故精神之解放須在剎那的心念間劍及履及，而於須臾之間，不斷超越生命之時間性及空間性，故生命能無處不逍遙，無時不逍遙，無物不逍遙。

在此，我們也可以讓莊子自己為「逍遙」作注解：

〈天道〉：「逍遙，無為也。」

〈達生〉：「逍遙乎無事之業。」

〈讓王〉：「逍遙乎天地之間。」

7見于大成、陳新雄主編《莊子論文集》，木鐸出版社，民國六十五年出版，第一頁。

逍遙是生命的大事業，而此大事業其實無事無業，因生命以「無為」為一貫之精神，無為之精神化解了事業的造作性，此造作性即種種足以牽引「大有」的不利因素。「無為」乃生命之回歸，生命之回歸依生命之道，生命之道始於道，終於道，如此，無為之道盡除生命道上的種種障礙。

逍遙須以天地為背景，然此一背景之意義並不是究極的、絕對的。逍遙的最高境界為「乘天地之正，而御六氣之辯，以遊無窮者」的「無待」境界，所謂「天地之正」乃天地之正氣，而天地之正氣順「自然之理」形成自然之天地。天地有其無窮性，也有其有限性，因氣與道（自然之理）的關係是交互的、辯證的；若捨道而一味論天地辯六氣，則逍遙之意義便將落入相對的範疇中，「無窮」的系統就將受制於有限的事物，此受制之假象其實是吾心造作所致，亦有生之物假借其有限性的惡果。大鯤大鵬之大尚在天地之中，尚只是生存條件的組合，組合儘大，結構儘密，卻仍在有限的時空中，仍未進入無窮的生命系統，超脫解放的生命氣魄又如何能全幅開顯呢？

對於「境界」一詞，是必須善予詮辯，否則，生命境界是可能被畫地自囚者化為子虛烏有。一般看來，「境界」之文學意義大於其哲學意義，王國維首拈「境界」以品評詩詞，謂：「詞以境界為最上，有境界則自成高格，自有名句。」[8] 又謂：「境非獨謂景物也，喜怒哀樂亦人心中之一境界，故能寫真景物真感情者，謂之有境界，否則謂之無境界。」[9]情景交融，方有文學之境界；心物交應，方有哲學之境界。在《林語堂當代漢英詞典》裡，林語堂英譯「境界」，主要有四義，而以第四義：詩境 (Atmosphere of Poetry) 為最上[10]，和王國維的看法頗有同趣。然就哲學立場而論，生命之境界乃是經由情景交融、心物交應的主客合一，所不斷體現的存有世界，它不斷地將實際存在的各種生命活動及狀況，予以意義化、存有化、超越化，以至於「終極的合一」(The Ultimate Unity)，而總結地實現一切之善、一切之美。境界之超升有其辯證性，其間之生命自有其錯綜複雜的內涵，而心靈之體證與境界之呈現則有密切的關連性，這是莊子之生命哲學所特別關注的。

馮友蘭解「境界」云：「人對於宇宙人生底覺解的程度，可有不同。因此宇宙人生，對於人底意義，亦有不同。人對於宇宙人生在某種程度上所有底覺解，因此宇宙人生對

8 見王國維著，滕咸惠校注《人間詞話新注》，里仁書局，民國七十五年出版，第四八頁。
9 同上，第五二頁。
10 參見林語堂《林語堂當代漢英詞典》，香港中文大學出版社，民國六十九年二版，第二〇五頁。

人所有底某種不同底意義，即構成人所有底某種境界。」[11]覺解衍生意義，意義構成境界。在此，吾人須知：「覺解」不是感覺的解析，不是概念的思辨，而是心靈的高度契會。馮氏強調境界有高低、久暫之不同，他將境界分為四種：一、自然境界，二、功利境界，三、道德境界，四、天地境界。自然境界與功利境界是一般人的人生境界，並無新意與創意。道德境界是儒家思想的境界，天地境界則是道家哲學的境界。在此，吾人尚須辨明：「天地」含有時空之觀念，而莊子之境界已超乎時空性，乃其生命精神之直接體現，故謂莊子之境界為天地境界，似尚未達境界之究竟義。

莊子之逍遙，「乘道德而浮游」（〈山木〉），「浮游乎萬物之祖，物物而不物於物。」（〈山木〉）萬物之祖是道，物物者非物，乃指超越之精神體。可見莊子之境界乃道的境界，道的境界涵蓋了天地境界，如壺子之「未始出吾宗」，不出生命之自身，不落天地之範疇，故能「體盡無窮」，展現境界的無窮義。莊子透過「無我」見「真吾」，透過充滿萬物的天地，參合「無其所無」的天地之始，其「無何有之鄉」乃「道德之鄉」，已轉有形的天地為有機、有生，甚至有神的天地，故最好說莊子的境界為超越的道的境界以避

11見馮友蘭《貞元六書》（下），香港龍門書店，第五五頁。

免天地境界之混同於一般意義之自然境界，而導致境界的停滯與下墜。

就文學觀點而言，莊子的境界應是詩境，其哲學思考已然引生生命無窮之美感。而就哲學觀點看來，超越的道德境界已將生命之現實與理想融會貫通，而具現了生命之美善。美善之價值乃境界之主要內涵，生命之美善不離生命之真；生命不真，美善便將無法具現於生命之內外。

以境界之高低而論，境界至少有三層意義：

第一層指客觀實在事物自然呈顯於吾人主觀心境的世界。

第二層指吾人心中種種情思交織而成的世界。

第三層指文人哲人戛戛獨造的藝術或智慧的高妙境界。

莊子的生命哲學旨在超越前兩層境界，而直指第三層即最高層境界。其實，境界重重無盡，豈止三層或九層[12]？境界隨吾人生命超越之歷程不斷轉現，超越歷程無窮，故

12 境界分三層，乃方便之說。唐君毅論生命心靈，由「客觀境」、「主觀境」、「超主客境」等三境再轉

境界亦無窮。莊子以齊物哲學超越了情思交織的世界，同時超越了主客對立的世界。一方面以理性之清明為逍遙遊的種種事相尋求哲學之辯護，另一方面也為生命之逍遙備了穩妥之坐騎，開發源源不絕的生命力。齊物哲學正天地之正，辯六氣之辯，至人神人聖人方能把握自然與人文之互動性，而體現生命之無窮境界。

境界若無法獲得吾人生命精神之關注，是可能墜落成一般意義的「界限」、「地位」和「狀況」，這些有限性就是莊子在〈逍遙遊〉一篇裡企欲破除的生命障礙。生命有諸多有限性，此諸多有限性往往相互糾纏，而衍生繁複詭譎的生命危機。大鵬之「徙於南冥，水擊三千里，摶扶搖而上者九萬里。」其生命不斷與水、風等自然現象纏鬥，尚在有所待的有限情況中，故隱伏相當之危機。除非大鵬之生命力足以駕御水力與風力，足以使其所待之條件不斷轉入於其生命之內部，使生命自身永為一體；否則一股相對力量隨時

成九境，雖展現了生命精神大辯證的豐富意涵，但若藉之以說明莊子的無窮生命境界，仍只是方便之說；不過，其「超主客境」所轉現的「歸向一神」、「我法二空」及「天德流行」等三境，則頗近於莊子逍遙、齊物等義。有關唐君毅的心靈境界說，請參見唐君毅《生命存在與心靈境界》（上）、（下），學生書局，民國六十七年再版。

伺機而動，是可能對其生命造成莫大的傷害。在此，莊子不作分析，而出以文學之描繪，接著在大鵬怒飛之後，讓蜩與學鳩決起而飛，作了一高一低的境界對比，這是哲學意義的對比，足以印證「小知不及大知，小年不及大年」，並顯示：物無論大小，皆有所待，皆有其實現自我生命的情境與理境，而其中除了含藏生命的有限性外，也隱隱然透露生命超越的契機。

如何轉生命之界限、地位、處境、狀況等因素為吾人生命超升之資藉，以臻於高明的生命境界，乃莊子全心以求的生命智慧，〈逍遙遊〉的主旨在此。方東美云：「莊子之形上學，將『道』投射到無窮之時空範疇，俾其作用發揮淋漓盡致，成為精神生命之極詣。這是蘊藏在莊子〈逍遙遊〉一篇寓言之中之形上學意涵。」[13]欲將道投射到無窮的時空範疇，是須以高度的生命精神與「道」相契，而將道的作用發揮至最大的程度。逍遙遊是「道」在吾人生命中的無窮作用，其主要目的在運生命之能，轉生命之境，以與道合，以達道境。違離「道」，生命之逍遙是絕不可能成功的。由此可見，生命之境界須以形上之存有論（就莊子而言，即其道論）為意義之基礎，而生命境界之不斷地超越物質

13 方東美《生生之德》，黎明文化公司，民國七十一年四版，第三〇〇頁。

秩序，不斷地統合生命秩序，則須結合知識論與形上學，進而在廣大的生命內涵中進行身心之兼融與主客之合一，以解決一切二分之困境。如此，有限之生命方能在進入超越性的存有範疇及無窮性的生命系統之後，實現逍遙的理想。故逍遙不只是心靈內在的探索，也不是生命與其環境之交涉，而是生命境界在生命一體性中的多向度的超升。

〈逍遙遊〉的形上意涵十分豐富，此形上意涵已統合了莊子哲學的全部意義，而其實現於各生命體的可能性是無窮的。吾人唯透過生命之實踐，方可參悟生命逍遙之理，方可肯定生命超升之真實意義。〈逍遙遊〉確立了莊子哲學的獨特風格，並指出莊子哲學的基本進路，而其以生命為哲學之主題，更已在〈逍遙遊〉首篇中表露無遺。

底下，將從三方面：化解生命的有限性、發現生命的獨立性、實現生命的絕對性，來論說莊子逍遙的生命境界論，嘗試透過莊子寓言的流動性及其濃郁豐富的詩意，多少抉發較為精準的哲學意理，並以肯定：逍遙乃生命境界之超升，超升乃生命精神之逍遙。

一、化解生命的有限性

莊子一登場，便在生命的舞臺上展現各種生命獨擅的勝場，任其自現生命之姿態，自求生命之活路。在此，我們可以把出現於〈逍遙遊〉的各種生命角色，予以分類排列：

植物：芥、大椿、大瓠、樗。

動物：鯤、鵬、蜩、學鳩、朝菌、蟪蛄、冥靈、斥鴳、鷦鷯、偃鼠、狸狌、斄牛。

人物（包括神話人物）：彭祖、湯、棘、宋榮子、列子、堯、許由、肩吾、連叔、藐姑射之山的神人、資章甫的宋人、惠子、莊子、不龜手之藥的作者與買者。

由此可見，生命的層級越高，生命的角色便越繁複，生命的事態便越離奇，這當是莊子著意於生命超升的作風。莊子並不滯留於一般物理意義的自然，而向精神世界勇猛精進；他所以塑造「神人」，便是企圖將「人」精神化，把「純精神之人」當作是生命超升的最高的指標，並因此肯定生命的物質成分是可能對生命的超升造成妨礙的。如此上天下地，貫古通今，莊子是以自然之理為生命系統的基礎，但他之終於「無何有之鄉」，則企欲以「道」化解生命有限之形相，而將生命有限的存在意義擴展為無窮的實存意義，生命的究竟的實存意義來自「無無之道」，一切生命之有始於無，終於無，始終存活於「無有無不有，無可無不可」的「自然」之中，「自然」乃廣大無比，無所不容的生命之道，所有的生命皆須以動態的行程通過之，而不可稍作停留或甚至有不當之假借。

當然，莊子並無意於科學之分類，生命層級之劃定也非莊子之本務。他讓各種生命處在一互動的系統中，交互出現，彼此影響，形成一「無秩序的秩序」。同時，他意圖破解各生命體之間的界限，將各種生命形相、各種生命境遇及各種生命存活的本事，繁衍成一有機的系統，此一有機的系統由生命的變化而來，生命的變化以「道」為根本之法則，鯤之化而為鵬，是第一個生命變化的實例，由魚變為鳥，由海至於天，而其形相之奇大，已幾乎超出吾人之想像，這些生命的特徵皆在顯示變化的自然性，即變化由道作主的形上意義。如此亦可見：生命之形相及情境可以互變互化互相滲透。可以說，無一生命形相是固定的，無一生命的情境是封閉的，而生命存活之本事亦可相仿相效，終於互相合作，不分彼此。

若論及與生命系統共存的自然環境，則包括了各種自然事物及自然現象，故以〈逍遙遊〉之天地為例，便可見：北冥、南冥、野馬、青天、水、風、日、月、爝火、時雨、河、藐姑射之山、年穀、金石流、土山焦、大樽等，另有「文章之觀」、「鐘鼓之聲」等人文現象，其間，各種現象在「關係的羅網」中此起彼落，皆與生命有或近或遠，或直接或間接的關係；不管是自然的或人文的，任何事物皆因其與生命之關係而獲致某種意義，自然與人文之間乃因各種意義多向的流注，而彼此融會貫通。人文不離自然，名不離「無名」，莊子的「生命邏輯」乃以自然為基礎，以「無名」正名[14]。而任「無名」之道大行其道，任一切之生命活出生命。「無名」之邏輯透顯自然之精神，而自然之精神維繫了一切可名的關係與現象。現象因關係而生，關係以現象為運作之場，兩者皆在無為無名的道中。

莊子對待如此繁複多變的生命情境，是出以包容的心態，而不斷以齊是非一是非的「辯證的統一」，跳脫吾人困於主客對立的各種價值判斷，如此以超越一切相對價值的手

---

14 嚴靈峰認為道家的邏輯是以道之有無，道之不可名，亦即「無名」，以反生命之真。他引「聖人無名」（〈逍遙遊〉）、「德蕩乎名」（〈人間世〉）、「名者，實之賓也」（〈逍遙遊〉）等，說明莊子以「無名」顯道之實，並以批判「名」——吾人之語言。嚴氏云：「道家的邏輯是辯證的統一主觀和客觀的，是『齊是非』和『一是非』的。」以上參見嚴靈峰《老莊研究》，臺灣中華書局，民國五十五年初版，第一二五－一六〇頁。由嚴靈峰的研究，可見「無名論」為莊子生命邏輯的主要內涵。筆者認為：莊子所謂的「名」，主要有兩義：一為言語，一為聲名。以「無名」超越名之言語義，則可成就超越之智；而若以「無名」超越名之聲名義，則可成就超越之德。莊子智德同修，故這兩種超越是同時進行的。

法解決價值問題，於是發現真正的價值乃以「物物自然」為基礎，終以「道」為價值的最高標準。就「自然」而論，物物的價值是平等的；莊子是在「自然」的立足點上，讓每一種生命自由地表現自己，所謂的「自己」包括了有生之物與生俱來的各種限度。故莊子並不以片面的認知或專斷的意志，試圖取消或滅除生命的相對性及有限性；面對生命的相對性及有限性，他予以包容，讓它們自由出入於無窮的生命系統中，從有限到無限，從有待到無待，從相對到絕對，在生命的超升歷程中，此一化解的工夫十分顯著。至於生命最後的歸宿——無何有之鄉，名之「無何有」，其實無所不有，「至無」使各種生命之間無所不通，各種有限之物乃同入於無窮的存在領域，因「至無」而「至有」而無所不有，如此之形上進路乃轉為生命具體的存活之道，莊子化解有限性的工夫就在其中：以絕對之「無」化相對之「有」，以道的普遍性解有限事物的種種困境，化而後解，解而後化，生命活動於是上下交應，左右旁通，終獲致生命的和諧與統一，至此，生命有限性的存在意義正足以顯示生命內涵的豐富與生命現象的多端。

斥鴳所以笑大鵬，乃因其自困於生命的有限性；列子御風而行，然「猶有所待者也」，也是因為列子的生命仍有其限度，列子生命的有限性與其有待性同義。因有限而有待，因有待而有限，生命所以自困於「現象」之中，其故在此。至於「至人無己，神人無功，聖人無名」，則已將人文生命的限度：己、功、名等一體化解，無己化己，無功化功，無名化名；無己而成至人，「有己」（有我）是生命達到高峰的阻礙，同理，神人與聖人皆已通過各種人文的試煉，皆進入了無窮的生命境界。就生命的最高境界而言，至人神人與聖人殊途同歸，其實是同一之生命，因已獲致生命的大統一。他們的不同名號來自各自所化解的生命的有限性，名異而實同。

然至人「無待於己之所有」而不害其有己，神人「無待於功之所及」而不妨其有功，聖人「無待於名之歸」而不壞其有名[15]。因化解而包容，因無待而無不可待，生命的崇高與生命的廣大與時俱進，因崇高而成其廣大，因廣大而顯其崇高，生命的精神乃得以發揚。故此無己無功無名之「無」是心靈自我消解的工夫，它不與有對立，而是有成其

---

15 林雲銘解「至人無己」之「無己」為「無待於己之所有」，解「神人無功」之「無功」為「無待於功之所及」，解「聖人無名」之「無名」為「無待於名之歸」，皆是以「無待」解「無名」之「無」。林氏又云：「三句發無待之義，見大之至者，非世俗所能與也。」以上參見林雲銘《莊子因》，蘭臺書局，民國五十八年初版，第四三頁。筆者認為林雲銘所謂「大之至者」，已超乎大小之相、大小之名，乃由無名而無待，因無待而無名，而入於無窮之道境。

有的基本原理。因此吾人不能以此「無」作為對付外在事物的利器，「無」是生命精神得以擴大、提升的狀態，乃道在吾人內心的自然化現。那「知效一官，行比一鄉，德合一君，而徵一國者」，所以為一官一鄉一君一國所限，乃因其知其行其德尚未能進入「無」或「無心」的狀態，而仍未能合於道。故可見生命超升的障礙不在於外在事物的有限性，而在於吾人心靈自我設限的有限性。莊子乃大肆發揮生命之精神力量，以至人神人聖人見證生命的無限性。唯生命精神之開放向無窮領域，吾人生命因自我拘執所釀致的有限性乃可得以化解，這是〈逍遙遊〉的一貫義。

郭象注〈逍遙遊〉，雖久為論者所詬病，然其發現仍值得我們注意。在此，且比列郭象之注，以見其自然觀之大義：

「物任其性，事稱其能，各當其分。」

「極小大之致以明性分之適。」

「理固自然，不患得失，又何厝心於其間哉。」

「理有至分，物有定極，各足稱事，其濟一也。」

「足於其性。」

「物各有性，性各有極。」
「物各有極，任之則條暢。」
「性各有極，苟足其極，則餘天下之財也。」
「物各有宜，苟得其宜，安往而不逍遙也。」[16]

郭象肯定萬物各有其性，有性而後有分。性分乃自然之理，為「在物之道」，物之成其為物者在此。性分自有其固定性，物之限度在此。至分有所至，定極有所定，物之活動乃有一定之範圍。在性分所及的範圍內，物物皆可充量至極，這是逍遙的根本義，大有「一即一切」之慨，然其間生命發展的理路尚未大明。在生命發展之理未明之前，便足其性，足其極，明其分，得其宜，如此雖能守住「物之在己者」，而不以「己之所無」害「己之所有」，但生命超升的可能性卻可能因此大為降低。

肯定「物性」、「物理」、「物分」、「物極」等意義，乃〈逍遙遊〉的出發點，亦即生

16以上所引郭象之注，見郭慶藩輯《莊子集釋》，第一、三、四、七、九、一一、一五、二五、三九等頁。

命超升的起點。此一認知是可能落入主客對立的範疇中，所謂「足於其性」難免有自我設限的傾向。郭象此一「自足」的概念可能來自老子，《老子》第三十三章云：「知足者富。」第四十六章又云：「禍莫大於不知足。」「自足」在於不毀生命之基本結構及基本條件，以作為生命超升之資藉，然它不應有終極義，否則，生命的開放，就將受阻。故在生命超升的歷程中，莊子將「自足」叩緊道的無窮義，物之自足其性即自足於道，既足於無窮的道，其實已無所謂「自足」。同時，莊子也不特別在意分殊的物理，而將物理化入大道之中，以一物融於萬物，即以一化多，以道化理，物理便不至於成為得道的障礙。

郭象提出「順物者與物無對」[17]，即是為了化解物之有限性。可見他所謂「足其性」並非靜態的自我封閉，而仍有其開放向無限之道的生命動能。在〈逍遙遊〉篇末，郭象註云：「夫小大之物，苟失其極，則利害之理均；用得其所，則物皆逍遙也。」[18]則可與齊物哲學相互呼應。由「足其極」至於「失其極」，生命之限度乃得以化解，這就是生命

17同3，第二四頁。
18同3，第四二頁。

的開放，就是生命的超升，而最後終於齊同是非利害，乃生命之大解脫，生命之大用至此得以全般展現，這是逍遙的究竟意義。郭象屢言「逍遙一也」，乃就逍遙論逍遙，逍遙是有其一致性，故可見生命之自由無關數量，乃生命性分內事。物有大小，逍遙則一，亦可見生命之平等性。另外，透過「無為」，以「無為」化解「有為」，更能抉發逍遙的真實意義，郭象注云：「夫趣之所以異，豈知異而異哉？皆不知所以然而自然耳。自然耳，不為也，此逍遙之大意。」[19]以「不為」解「自然」，頗能透顯道的形上意義。以道的形上意義消解物的形下意義，物才可能擺脫形下之困境，才可能邁向逍遙之境。

生命的超升由小向大，由低向高，由固定向不固定，由有限向無限，這是從生命的現實存在來看生命的超升。若從道的立場來看，生命之超升則由動趨靜，由外而內，由有形向無形，由有待向無待，由被動向主動。這雙向的觀點可以互相配合，以使生命在超升過程中維持一體之平衡。在一體雙向的平衡中，生命之自足乃得以成其自由，自足而後自由，自由而後自足。物之自盡自任，乃自心順道，無得無失，亦無利害。如此，動而不動，不動而動；無去無來，上下呼應。因此，在肯定「逍遙」有開放、超越等意

19 同3，第一〇頁。

義的同時，仍必須安頓物之現實存在，進而在物的現實存在中，加入理想的可能性與開放性，以轉化物之本能為生命之大能，甚至轉向生命之智慧，則無機與有機，無生與有生的隔閡便可逐步予以化除，生命之變於是成就生命無窮之旅。

肯定有限性的肯定並非單向的肯定，在此肯定的同時，須注意「道隱於小成」的後果。如何轉小成為大成，小知為大知，不僅是齊物論的大課題，在逍遙的生命歷程觀中，也是一貫的主題。為通過此一不斷轉化的生命歷程，莊子乃大用對比的哲學手法。大鵬與斥鴳，朝菌、蟪蛄與冥靈、大椿；前者是形體大小的對比，後者是時間久暫的對比。至於宋榮子、列子與至人、神人、聖人，則是心靈境界高低的對比，其對比的序列隨著生命精神的發揚，更為曲折而多樣。經由這些對比，生命乃鼓足向上的衝力，且有明當之自覺，自覺生命之有限性皆只具相對之意義。而若以道眼觀之，任何有限性其實可一體待之，生命的平等性在此豁顯。

此外，經由對比，亦可發現物物之關係是不固定的。物物之關係隨物而動，隨時而變，因地因時而制宜。關係在對比的動態中，一方面維持一定之平衡，一方面則保持不斷轉變的可能。當然，關係仍有其相對的一定性：大小、久暫、高低等仍有其一定之意義。如何通過無數相對性的對比，以邁向絕對性的對比，以達到無窮的生命境界，則須以「自足」的自我肯定為第一步，先實現個體之價值，然後再於生命價值的無窮系列中，向上超升。其間，自我之了解、評量與批判必須不斷進行，以作主客之合，以化人我之殊，如此生命方可在動態的對比歷程中，不斷趨向無可對無可比的道的境界。老子云：「自知者明。」（《老子》第三十三章）自知在於了解自我的小生命於大生命體中所處的對比的情境，以決定自我生命超升的方法與方向。老子「知其雄，守其雌」、「知其白，守其黑」、「知其榮，守其辱」（《老子》第二十八章），又云：「禍兮福之所倚，福兮禍之所伏。」（《老子》第五十八章）皆是對比手法的高度運用，以發現生命之相對性、相關性，而善轉之。循此對比之路，可上達於道，終把握道與萬物之間的最大的對比，此一最大的對比不再處於相對性中，而是一絕對之「常」，故老子云：「知常曰明。」（《老子》第十六章、第五十五章）「知常」乃是生命最高之智慧。莊子承老子遺緒，其知常明道的作風，則在比老子更具體更廣大的對比情境中，不斷地任物相比，任人相比，任一切生命相比，而以對比形成其生命系統，讓各種生命在此一系統中現身說法，並為「道」作某一程度與向度的示範。莊子深入對比，走出對比，乃至於完成對比，可以說，莊子是在具有高度實存意義的對比情境中，實現其逍遙的生命理想。

總結前述，我們可再歸納出逍遙三義：

1. 無待而逍遙：無待是逍遙的必要條件，逍遙是從有待向無待的全副生命的奮鬥歷程。

2. 不齊而逍遙：郭象注云：「有待無待，吾所不能齊也，至於各安其性，天機自張，受而不知，則吾所不能殊也。」[20]「各安其性」乃各安於有待之不齊，而「天機自張」乃生命精神開展向無待齊一之境，因無待而自齊，亦因自齊而無待。不齊而自齊，原是生命回復本真的歷程。

3. 自然而逍遙：道法自然，「自然」不是一預設的前提，也不是一後得的結論，乃是道自身。莊子沉浸於自然之中，故其逍遙不假外力，其逍遙的天地中，遍處是生命純然自然的流動，此一生命流動的真相實乃生命逍遙的實態。

由無待、不齊而自然，亦由自然、不齊而無待，此一歷程即生命變化之歷程，生命之變化乃循道而變化，生命由於變化而趨向道，至與道合。因萬物多變且互變，故莊子的逍遙遊是多途多向的；因萬物之變化無所不在，故無物不逍遙，無處不逍遙，無時不逍遙。在生命圓滿純熟的境地中，逍遙者必是真實之生命。

20 同3，第二〇頁。

若從形上本體看逍遙，逍遙和〈大宗師〉的「攖寧」、「入於寥天一」是同義的。逍遙是生命體運其形成生命體之氣，以上與道合，使生命「攖而後成」，從氣所變現的現象之多中，逐漸超脫出來，而上達於道所固守的本體之一，此本體之一即是「寥天一」。生命體各有其生命之歷史，生命之歷史在變化的天地中衍生出生命之各種形相及各種秩序；在此生命繁複的秩序中，莊子將其理性的反省程序，轉作生命統一性與整全性的超升的程序，一切生命之變化乃從可能性過渡到現實性，而逐漸呈顯生命形上之意涵，即生命究竟之真實。故「逍遙遊」一方面有其實際之意義，此實際之意義寓含在天地的無窮系統中，另一方面，逍遙遊的生命境界有其形上理由，因生命有其形上之本體（形上之本源）。生命之形上本體為形上之氣，此即是生命自化之所本，亦即道之存有之內涵；形上之氣終入於「寥天一」，即終入於道之究竟之存有。因此，就生命之形上理由而言，吾人可解生命之逍遙為：生命從形下之氣上達於形上之氣，即從多到一，經對比的理性反省及辯證的生命統合，以實現生命的形上意涵，而使各生命體在形上本體中合而為一。逍遙的最高境界即生命本體之境界，本體之有境界，乃本體之超越之價值所具現。莊子以道德之價值統合一切之美善，其價值之本源即生命之形上本體，而生命之形上本體須由超越之價值論予以斟定。故莊子乃以逍遙之生命作價值之超越，以上升於價值之本源、生命之本源。

二、發現生命的獨立性

生命有限性的化解並非一時之間就可完成的，而需經長時間的自我陶成、自我鍛練，在此一過程中，支持生命的主要因素便是生命的獨立性。有限性不妨獨立性，而獨立性正足以助成有限性之逐步化解於大道之中。生命之獨立性來自道的獨立性，道「自本自根」(〈大宗師〉)，由道所成之生命自然得道而有其獨立之德。老子云：「萬物莫不尊道而貴德。」(《老子》第五十一章)王弼註云：「道者物之所由也，德者物之所得也。」[21]得道成德，物之獨立性就在道德的一貫性中，物之自得即自得於道。因道遍在，故物物皆可自得於道，亦即物物皆可獲致同等之獨立性。就道而言，物物之獨立性皆可上達於絕對之狀態；然就物之個體性而言，物物之獨立性則是相對的。相對的獨立性已足以保住一物之個體性，並可使其以個體性與其他之個體作平等的關連與溝通。

21見《老子》(四部備要本)，臺灣中華書局，民國六十九年臺九版，第六〇－六一頁。

人我之對立，一方面造成生命自我執持其相對意義的有限性，同時亦導致生命自我倚恃其相對意義的獨立性。莊子不似老子直接撻伐此一倚恃之心態：「聖人處無為之事，行不言之教，萬物作焉而不辭，生而不有，為而不恃，功成而弗居。」（《老子》第二章），而敦厚地透過小生命（斥鴳）之譏笑大生命（大鵬），暗示：生命之外在條件，大者不足傲，小者不足恃。無己可傲，無物可恃，生命之獨立性並非可傲可恃之資產。生命真正獨立的條件是「無條件」——道提供一無任何條件存在的生命情境，在其中，生命才能獲致無所困苦的獨立性。有條件必有所困，無條件則無所困，原來無何有之鄉、廣莫之野中，無不是獨立之生命。無何有之鄉已盡去生命之條件，而使其中的生命完全呈露當體獨立之真相。

無己無功無名，乃是盡去外緣，心空無物的生命情境。生命自身超越吾人憑藉官能（包括一般心思之官能）所認知與決定的生活範疇，故回歸生命自身，生命便可以其真實性、純粹性，建立其超絕的獨立性以逍遙於化外。無己無功無名，乃是為了透顯生命的獨立性，在此，莊子不滿足於抽象的獨立性，因此創鑄了具體的獨立的生命——藐姑射之山的神人。神人不以天下為事，物莫之傷，其塵垢粃糠，將猶陶鑄堯舜。一方面顯示神人之生命無比純粹，似是一精神體，另一方面則顯示其不假外在條件的自由與獨立。

無事而自由，無事而獨立。自由與獨立足可以天下為事，以一切生命為己任，而其生命仍善處無為無事的逍遙情境中，無事而無不可事，此事事無礙之理實乃生命創造之理。在生命創造的歷程中，生命之獨立性一方面成就個體的自我創化，另一方面則完成個體與個體之間的真實之關連。

生命之為一個體，亦為生命之獨立性提供具體的佐證。個體自有其個性，而個性在現實存在界中，有其不易為外物所損毀的「完形」，完形乃形態、對象的統一性構造，故莊子不對物之各部分進行分析，不透過此一分析來認識生命之個體。就物之分享道的觀點看來，物物皆是一完形。生命之為個體，不在於部分之組合，而在於生命精神之掌握其生命之一體性，生命之活動由上往下，由裡向外，即在表現精神之為生命之中樞。莊子似乎把握了此一生命之完形，企圖將生命之特性發揮至極點，此是郭象「性各有極」至於「失其極」的意義所在。以神人之塵垢粃糠陶鑄堯舜，此種陶鑄生命之本事，是必有完整而獨立的生命藍圖在。

至於獨立與不獨立之間，物常游移不定，生命力亦時強時弱。就生命自不獨立趨向獨立的進升歷程看來，生命主體應逐漸具有較大的決定力量，否則生命將逐漸喪失其獨立性，終至於喪失道之為生成原理所賦予的一切。就生命論生命，本無所謂「死亡」，但生命不獨立，則氣散而死；氣散就是死，也就是說，不獨立就是死亡。死亡只有現象的意義，故若能常保生命主體之獨立，生是不必與死流轉的。

莊子特別強調道在萬物的普遍性，萬物因道而自足自立，這是獨立的基本意義。同時，道使生命之獨立性有了普遍的意義。道以各種方式普遍存在於物中，而仍保有其普遍創化的超越的特性。所有生命體乃因道的創化的普遍性，而皆獲得足以自我肯定以堅持其存在的獨立性。物物以平等之獨立性平等共存，普遍之生命精神使各生命體彼此關連，互成一體；獨立性也由於浸透在深廣的普遍性中，而成為個個生命體的真實屬性，對立所以不妨獨立，其故在此。生命之自覺往往出現於生命獨立性獲得自我肯定之際，故一方面，生命獨立性的發現，極有助於生命之自我成全；另一方面，悟道入道的生命智慧統合了物之相對之獨立與道之絕對之獨立，而終於完成了生命回歸真宰的理想。生命之真宰乃生命獨立最高的狀態，其中，無物不真，無物不獨立，而物物獨立於道中，物物處於開放的統一性中。開放的統一性使物物獲得真正的獨立，而一物的獨立助成其他物的獨立，彼此因獨立而互助，同時因互助而達到最高度的獨立，最高度的獨立即生命最後的完成。生命完成於道中，即完成於永遠趨向完成的歷程中。莊子的歷程哲學，即以生命不斷實現其獨立性，為核心之意義。歷程是生命的上揚、超升與回歸，其標的是自本自根的道，故生命獨立性的自我完成，乃生命歷程的一貫之道。

生命型態互異，生命本體則為一。生命之互異引發生命多變之律動，本體之一則是生命律動的調節者。在神人「磅礡萬物」的德化之功中，似乎充滿音樂性的和諧之美。生命的氣勢由生命型態的互變互動不斷催生，而萬流歸一的走向乃道的走向。「乘雲氣，御飛龍，而遊乎四海之外」（〈逍遙遊〉），奔騰飛揚的生命其實只有一個目標——道，「四海之外」指的是無何有之鄉，它是在萬物之形相之上，而非在萬物存在的周邊之外；生命以天地大有為活動範疇，而不自足於小有之間。在此，生命之見獨即見道，生命之歸一即歸道。莊子因此避免了相對主義的危機——生命的渙散，也因此斥棄了絕對主義的錯誤——生命的僵化。

許由「予無所用天下為」，充分顯現了人在人世中的獨立性。堅持自我生命之實存性，並不斷體現自我生命的純粹性，讓生命在人文脈絡中不斷回歸真我，這是「聖人無名」的真實注腳。獨立之至人、真人不為天下所用，亦不用天下之用。所謂「天下之用」指的是「下德不失德，是以無德」（《老子》第三十八章）的自矜之德，此自矜之德在思想語言上的表現就是「言隱於榮華」的榮華。老子以下德之倫為「道之華而愚之始」（《老子》第三十八章），此愚是不明道的「知之聾盲」。如何穿透生命之榮華，以至於「上德不德」、無名無己的獨立而純粹的生命，乃真人必修之課題，而真知即在知生命之真，生命之真乃生命之當體獨立。

〈應帝王〉的壺子四示：由地文、天壤、太沖莫勝，以至於「未始出吾宗」，則是展現生命獨立性的四個階程。列子的生命風格：「於事無與親，雕琢復朴，塊然獨以其形立。」（〈應帝王〉）所以能獨立其形，乃因生命已然不斷恢復其真樸。神立而形立，是生命的理則；形立而神立，則是實踐之路。「未始出吾宗」意謂生命的攝用歸體，生命的發展不離生命之根本——生命之道，即可長保生命之獨立性，永不喪失其不為外物所傷，也不為下智所計的深廣的生命內涵。如此，生命之獨立將永立於道的實存基礎上。壺子之現身說法，為逍遙作了真切的示範。在生命逍遙的最高境界中，生命已然動靜如一。至此，生命之至靜成其生命之大動，在生命最寧靜的內部有著生命最自由最真實的活動，這是〈逍遙遊〉最澈底的展現，展現了生命無垠的廣袤與無底的淵深。

三、實現生命的絕對性

一如生命的獨立性，生命的無限性與絕對性亦來自道。道的無限性提供圓滿生命的理想，並使吾人之主觀心靈經由生命原理與生命理想的交互運作，而不斷趨向無限的心靈。依莊子哲學的生命歷程觀，生命的無限性有其客觀的實存基礎，它亦存於無限的心靈中。由生命的無限性論道，道之原理意義大於本體意義，道之境界意義高於存在意義。而道之本體意義與境界意義乃合成生命之絕對性。吾人之生命理想甚真實，故生命的絕對性亦甚真實，絕對性即以其真實性而得以進入生命的現實，而現實生命因相對關係而互成一體的和諧性，則是使生命的絕對性不落幻境的實質的保證。在此，無限性與絕對性結合。無限而絕對，絕對而無限，生命歷程乃成為無窮之旅。

生命的絕對性乃生命之絕對價值之基礎。絕對價值以其崇高性及通貫性，維持一切之相對價值於不墜。人之所以能成為真人神人至人，即因生命之絕對價值終於澈底實現。真人之真證實了一切倫理之真，真知之真則證實了一切認知之真，至善至美亦保證了一切美善的合理性與實現美善的可能性。絕對價值為生命理想之所繫，它的實現乃生命理想性的最高度的實現。莊子的價值理想確以「無限」、「絕對」為依歸，其人格之超越性，以其道德的超越性為指引，道德的超越性即源自生命價值的絕對性，而生命價值的絕對性來自生命之形上本體——道之一與氣之一所以合一的生命之本一，道氣之合乃生命本一之創化。莊子實現生命價值的進程，所以不至於在相對事物中流轉，乃因道遍在天地，即絕對價值已然以各種方式流佈於現實世界中，而完成各種生命之創化。

故生命的絕對性即生命之大全，而生命之大全即生命之整體性。生命的整體性有兩層意義：第一層指個別生命體的整體性，第二層指所有生命體集合成一體的整體性。莊子同等看待這生命大全的兩層意義，故他能在天地之境界中自同於道之大全[22]。人同於道之大全，人之生命即為「整體之一」、「普遍之一」(The Most Universal One)，而非天地某些結構性成分的集合體。

道以無生有，以無觀有，「無」使「有」獲得等同於道的絕對性。唐君毅云：「今更透過此虛無以觀其有，則有者亦皆若有若無，而芴漠無形。吾人之心知亦即可超出於其『有』與『形』。」[23]此「虛無」最好說是「至無」，以顯示道的絕對性；而所謂「若有若

22 馮友蘭認為莊子的天地，即宇宙，即大全；在天地境界中的人覺解自身為大全的一部分，故能自同於大全，自同於大全，大全便永遠存在。以上參見馮友蘭《貞元六書》下冊，第二六八頁。筆者認為在道的境界中的人則覺解其自身與大全為一，而非「大全之一部分」，因為道已然把天地之形體存在之意義全轉化為生命之精神內涵。而且，在道的境界中的人並不必以分析性的思維或工具性的行動與天地作對比或聯絡。

23 見唐君毅《中國哲學原論．原道篇》(一)，臺灣學生書局，民國七十五年全集校訂版，第三四六頁。

無」，是指相對事物尚未臻於絕對之境，尚在辯證歷程中。實有是「大有」，虛無是「至無」，皆是道的絕對性的呈顯：唯「無」至「至無」，「有」乃成其為「大有」。心知入於至無，生命入於大有，乃能全生。「夫若是者，其天守全，其神無郤，物奚自入焉！」（〈達生〉）天全神全人亦全，這是生命精神極其剛健的表現，而非僅止於保身自全的養生之論。莊子養生乃養生主，「生主」為生命之道。先養「生之主」，然後才能養生，故莊子達生之論不離至人之德，而立基於形上之學；他將「以無生有」、「以無全有」的形上理則轉為「以虛養生」、「以虛全生」的倫理修養，而在吾人一己之生命中，極力實現道的絕對性。以絕對之無體現絕對之有，這是莊子修養論的立論根據，其精神體驗之所以深妙，道理也在此。唯透過對「絕對」的體證，生命方能抵大全之境，而吾人之經驗活動乃得以擴大加深，終入於大有之有，如此，有為而無以為，無為而無不為，生命之障盡除，生命之害盡去，生命之德能於是得以完全發揮。

至此，莊子〈逍遙遊〉的課題就進入有用與無用的辯證了。一般人以為：有為故有用，無為故無用。因此，在面對若有若無，似真似假，有得有失，亦去亦來的生命實況時，往往作兩截不相連的思考：

若「有」（非真正之「有」）↓若「有為」↓若「有用」。

若「無」（非真正之「無」）↓若「無為」↓若「無用」。

以此二分法，一般人便將生命之意義定於「有用」的範疇，認為「有用」乃生命價值之所在，而以「無用」抹煞生命真實之作用。溺於「有用」概念中，吾人便無法得見生命之真體，亦無法得享生命之大用。

為了破此二分法，莊子大用譬喻：宋人資章甫、惠子的大瓠、宋人的不龜手之藥及看似無用的大樗，這些事物皆為吾人有用無用之價值概念所糾纏，莊子力圖解之，而還它們真實的面目，讓它們回歸自然之妙境。最後莊子下如此之結論：「不夭斤斧，物無害者，無所可用，安所困苦哉！」（〈逍遙遊〉）擺脫一切之用，乃能獲致生命本體的獨立與自由，看似無所可用，其實無不可用。對此一連串破解常識性之「用」概念的譬喻，應可分析出如下數點意義：

1. 常人所見之「用」乃由某些現實條件所形成。
2. 「用」有其變數，當其現實條件一變，「用」亦變。
3. 「用」有其有限性，吾人可稱之為「有限的功能」。各種功能之間有其相關性，此一相關性來自存在物彼此之關係。

4.「用」可能成為「大用」、「妙用」、「無用之用」，如果「用」不沾滯於某一現實情況或存在條件的話。

5.生命之大用乃生命之主體與生命之客境互動所致。若能保持此一互動的生命歷程，則生命將永遠可用而有用，其用將永不消退。

6.以無用為用，是生命解脫的關鍵。道之大用為「無用之用」的本源；用而無其用，此「無」是價值的超越，亦即生命的超升。

7.莊子依循老子「有之以為利，無之以為用」（《老子》第十一章）的辯證，而他似比老子更重視辯證之合。一般之用即是所謂的「利」，言利必涉及「有」，逐利必於眾有之間，終於不見成就大有大利的「至無」。「無心」乃入「至無」之心，亦即超乎利與用的純粹之心，利與用往往落於相對之境，即往往在若有若無之間，而終脫離至有與至無的大辯證。生命在有無之間相生相成，吾人不能牽有以害無，或溺無而損有。超乎利害，即是為了維持生命發展的平衡與穩定。超乎利害主要在超乎利害之概念，亦即超乎「有用」及「無用」等概念。有無辯證之合的具體象徵——無何有之鄉，已一掃一切可能傷及生命的價值概念，而洞見生命無價之內涵，這已超乎任何對生命的概念性的詮釋。

從有用到無用，而無用一無用，連「無用」亦不可得，如此至於無所可用，無所不用，生命於是逐漸脫離有限之所，趨向無限之境，生命的絕對性於是步步落實而具現，「無用」至少有先後四義：一、不用，二、離用，三、反用，四、歸於大用。這是由用到體的生命回歸，吾人是可以融貫生活經驗的手法，而依生命之存在秩序完成之。用不害體，用助成體，則主導吾人生命的一顆心便不再為外物所支離，亦不再迷惑於量化的物用之間，而能掌握一己生命之大用。此心當不再曲而不直，不再是「有蓬之心」，郭象注云：「言物各有宜，苟得其宜，安往而不逍遙也。」[24]因用用而回體，無無而入有，物物乃各得其宜，各以己為用而各適其用。「宜」不是自足適分的自矜自足，而是入物不傷，與人無間，無不將無不迎的精神的自由，這就是逍遙的生命大解脫。

無其所無，用其所用。剋就從體到用，自用返體的雙向的生命歷程，其間應有六個進階：

1. 用用之無（不用而離用）
2. 用之無用（當用即無用）

24同3，第三九頁。

3. 無用之用（反用而合於用）
4. 用無之用（以無為用）
5. 用無之無（以「以無為用」之用為無用）
6. 無無妙用（用全入無，體用合一）

這不僅是現實生命在存在階層中之自我培成與鍛練，更是心靈境界的無止境的超升。前三個進階尚在生命之為有的範疇中，而「離用」、「反用」皆旨在超離生命之為有的有限性。後三個進階則已入於「無」，即由有返無而入於道，並不斷解脫有用與無用的對立性，而統合有與無，以進於無無之大有。其實，六個進階乃方便之說，因生命由用返體的回歸歷程是無窮的。此一進程的關鍵在：如何反用而返體？如何運無而全有？這是同一個問題，須善解道在萬有的超越意涵及「無」在無限心靈中的高妙義諦，才可能進入此一問題的核心。至於生命精神以各種象徵之意義，如實呈現生命之豐富內涵，乃是生命回歸之同時，不斷成全生命的統合歷程，在此，歷程之意義須不斷予以貞定。回歸與統合在生命中一體完成，此即生命之超升，生命之境界乃能在存有的價值層級中不斷地上進，並不斷地擴展生命存在之範疇。

「逍遙」有其高超的象徵意義，而唯落實於生命之歷程與生命之內涵，逍遙的種種象徵才可能獲致實際的意義。故可說，生命之逍遙論亦是生命之象徵論，透過生命之象徵——道在生命的具體呈顯及「無」在「有」中的具體作用，吾人可以發現生命之超越屬性乃是生命所以能逍遙的根本。生命在絕對性及無限性中不斷進行的創化，則不斷提供可由吾人理性加以鑑定的生命信息——包括生死現象的流轉及各種存在實況在生命中所導致的不同情境，其中蘊藏無數之象徵。莊子在〈逍遙遊〉裡，所以大用各種象徵，便是為了顯示兩個主要的意義：一是離用的意義，一是返體的意義，他並且將這兩個意義結合在一起，這是因為他深諳生命於體、用，有、無之間的出入之道，而由於生命出入體用之間與有無之間，生命之象徵乃層出不窮。生命之逍遙展現了生命全面之屬性，生命之象徵性因此富有高度的形上意義。象徵在吾人理性中所表達的意味，也因逍遙所獲致的生命自由而極其真實極其生動。生命之超越屬性使生命有其表現美善的具體的象徵，故生命之象徵皆有其立基於存有的客觀性。莊子〈逍遙遊〉的兩個最重要的象徵：神人與無何有之鄉，即在顯示離用返體，自有歸無的形上意義，並具體證實超越之價值；「無」所以能使「有」不斷成全，即因生命一直在價值的實現之中。故善體象徵之意義，吾人便不至於困在體、用、有、無等抽象概念間。

離用得自由，返體而獨立；自由是生命在其作用中的自我回歸，獨立乃生命以其主體性作最真實的呈露。莊子不玩觀念的遊戲，他知常守常，在心靈與倫理、知識與道德之間，不斷作澈底的反省及一無芥蒂的包容，生命乃能「為是不用而寓諸庸」（〈齊物論〉），大展生命之能而不矜，大發理性之明而不炫，生命之德乃在生命的常道中愈用愈出，愈出愈有，生命的無窮性便可在無窮的系統中不斷地具現，而迎向絕對之道的自我實現乃永在實現之中。

第十章　生命倫理與超越人格論

對生命有了真實之認知，對生命之超升有了堅定的信念，便可在生命倫理之中，建立生命之倫理學，然後再在生命倫理學的基礎上，標立超越人格的至高理想。在此，吾人結合生命與倫理，而「生命倫理」可定義為：「在生命生成的形上原理之中，同時在人性的形上基礎上，人之生命之自我成全與自我完滿之道。」和老子一樣，莊子將生命倫理建立於「自然」之上，「自然」之說旨在闡明道與宇宙之間有其相應的一體性，此相應性及一體性，可轉為生命之倫理，倫理之意義即由生命之相應性及一體性所生發，而由吾人體道之心予以把握。可以說，倫理網絡始於道，亦終於道，以道為倫理意義之核心。

得道可保生命之全，這是生命倫理學的基本命題。〈天運〉云：「苟得於道，無自而不可；失焉者，無自而可。」道使生命之理得以會通而大通，這是生命倫理的根本所在，道德即以生命之精神為範疇，而生命之精神以生命自然之本真為基礎，一切之道德修為旨在返生命之真，保生命之真，可以說，生命之真（真性）賦予生命倫理真實之意義，而由人為返自然，乃道德一貫之進程。「真在性分之內」[1]，如何透過生命自然之性分，上達生命本然之真相，以建立生命之理想，並為人格之超越開出一道無盡之路，乃莊子倫理學之本務。

由於將倫理學為人之主體際性所開發出來的多向多重之意義，收束之，而直通於形上學之終極，莊子乃大力批判儒家之仁義，且超越之，而入於德，合於道。〈天運〉云：「仁義，先王之蘧廬也。」又云：「古之至人，假道於仁，託宿於義，以遊逍遙之虛。」假仁託義，是不壞仁義而超越仁義，不在生命無窮之旅途中作任何之滯留，這和儒家之「居仁由義」相比，是向道德之鄉更推進了一大步。道德體現生命之真自由，而任何低於道德的倫理規範皆有可能不利於生命自由之發展。莊子以生命最高的價值將所有倫理之善匯歸於至真至善的道，而道已然不具任何價值色彩。莊子超越仁義之為倫理規範，而以生命之基本倫理疏通之，故生命能通天地而成德，終上達於道。可以說，莊子是以生命講倫理，而賦予倫理完完整整的生命意義。倫理的實踐旨在實現生命之價值，而生命自然之本真則保證倫理不受人為之牽制，並使吾人之道德理念不至於喪失真實之內涵。

---

1 見郭慶藩輯《莊子集釋》，河洛圖書出版社，民國六十三年臺景印一版，第五九一頁。

面對生命倫理的深廣內涵，我們可以從六個角度試探之，以發現莊子理想人格的超越意義。

一、道德合一論

道德之合一即生命之內外合一。內篇〈德充符〉意指「德充於內，物應於外，外內玄合，信若符命而遺其形骸也。」[2]以內德為主，物自應於外，而物終不在外，因物終為德所轉化，甚入於德。如此乃能「德不形者，物不能離也。」（〈德充符〉）德合於道，故不形，此即不德之上德，得而無得，道乃自現生命之力，自成生命之理，而為萬物之所歸。

〈秋水〉云：「天在內，人在外，德在乎天。知天人之行，本乎天，位乎得；蹢躅而屈伸，反要而語極。」由天而人，由內而外，由道而德，由德而物，這是倫理修養的效用之道，然生命之歷程須順逆雙運，故於向人向外向德向物的同時，須由人而天，由

2同上，第一八七頁。

外而內，由物而德，由德而道，以守住生命的根本，這就是「反要」、「語極」，「要」與「極」指的就是道。道為德之本，德為道之末，本末須一貫，故莊子反對「治其內，而不治其外」（〈天地〉）的內外相違。就倫理意義而言，莊子之真知旨在知此道德合一之真相，故真人須「知天之所為」，亦須「知人之所為」，知天亦知人，乃知之極致。天之所為者是道，人之所為者是德，而人之所為須合乎天之所為，道德合一，吾人乃能知德亦知道，即能以道德合一之關係統合一切之修為，由知到行，倫理乃一貫而成。〈秋水〉云：「知道者必達於理，達於理者必明於權，明於權者不以物害己。」理由道展開，而實際之理由權變之方構成，所有之德行首在達理明權，以貫通生命中變與不變的諸多要素，而最後由調理變與不變的生命樞機——道——引領由德向道的生命理路。〈應帝王〉云：「其知情信，其德甚真。」知真而後德真，此真為道德合一的生命之真。

吳怡認為莊子的德有兩方面：一、虛己以應物，二、見獨以遊心[3]。己之所以能虛，因生命由本無之道而生；己與物之所以能相應，因己與物所共生的大生命已在道中互通為一。見獨之獨為生命之獨立性，而生命之獨立性來自道的獨立性。故遊心之德須在道

---

3 參見吳怡《逍遙的莊子》，東大圖書公司，民國七十五年再版，第一〇五頁。

中涵養，以假道而遊，運道而生。

道德合一即生命歸根之歷程。〈在宥〉云：「萬物云云，各復其根，各復其根而不知。」既已歸根，知乃無所用。生命之根在道，歸根之德為「無心之德」，莊子認為「德有心」乃生命最大之害，「賊莫大乎德有心而心有睫，及其有睫也而內視，內視而敗矣。」（〈列禦寇〉）肉眼見物，其實不見物之全，同理，心眼見德，其實不見德之真。故須「以恬養知」（〈繕性〉），使道德在「虛」中合一，不以知識妨害道德的合一。「虛則無為而無不為」（〈庚桑楚〉），則已達道德合一的最高境界，此亦即生與命合一，德與命合一的最高境界。「性修反德」（〈天地〉），生之性與安命順命之德經即知即行的長時間的修養之後，是可能在道中完全合一。至此，生為有德之生，命為返道之命，生乃不再為外在條件所拘，而命也不再被有限的因素所定。命而後有生，生而後有命，生命終成道德精神的化身，生命的內涵無不是道德的內涵，生的無限性與命的有限性就不再是兩難的課題了。

二、生命主宰論

〈齊物論〉發現生命之真宰（主宰）超越吾人有限之認知。〈養生主〉云：「緣督以為經，可以保身，可以全生，可以養親，可以盡年。」則以倫理修養來處理有關生命主宰的問題。「生主」為吾人之精神，養生主乃養吾人之精神，這是養生全生的先決條件。而養精神即在立定生命之主，將生命主宰的意義貫注於生命的各方面。生命之主宰即是道，而道在吾人生命中者，為虛通而周流無礙的中道。順此中道，即所謂「依乎天理」（〈養生主〉）。憨山大師云：「至人率性，順理而無過中之行，則性自全而形不傷耳。」[4]中道之行的具體作法是「安時處順」，因中道偕時俱行，乃順生命之大行。而「遁天倍情」是反時中之逆行，勢必動搖生命的主宰。

在此，莊子所以提出「天理」，是因為理是道在現實世界中所展現的具體脈絡，吾人之修養須循理以入道，而使生命自作主宰的真諦流佈於全生命體中，各個生命體乃可自

4 見憨山大師《莊子內篇憨山注》卷二〈養生主〉，臺灣琉璃經房，民國六十一年再版，第一一一頁。

作主宰。王夫之解「應帝王」云：「獨全其天，以命物之化，而使自治，則天下莫能出吾宗。」[5]不出吾宗，生命永可自作主宰，而不會受制於非生命或反生命之物。

主宰生命者不在生命之外，乃是統合生命的一貫之道。由道而德，由神而形，而以「氣」貫之；氣之一來自道之一，而氣的限定為吾人生命之形成要素，道德修養即以此「氣命」為對象，在不斷堅持道為生命主宰的修養歷程中，吾人乃由「氣命」上達於道，即由氣之一回返道之一，終獲致生命的整全。〈天地〉云：「執道者德全，德全者形全，形全者神全，神全者，聖人之道也。」生命整全以道為綱紀，而生命所以不全，乃由於氣的限定；超越此一限定，才能獲致「神全」，神全之生命已然超越於氣命之上，而生命之力量已由形下邁向形上，生命之境界自然向上升進。

由此可見，生命主宰論即生命成全論。成全方能作主，所以支離其形，是為了德全；所以支離其德，則是為了道全。支離是為了超越，為了成全，這是自反而正的生命進程。

生命主宰與自然精神互通。因此莊子在修養論中屢論及「天」、「天選子之形」、「道與之貌，天與之形。」〈德充符〉生命之形來自天，故有生之年為天年。「與天為徒」、

5見王夫之《莊子通．莊子解》合刊本，里仁書局，民國七十三年出版，第七〇頁。

「天與人不相勝」、「死生，命也，其有夜旦之常，天也。」（〈大宗師〉）天為生命之本源，亦是生命發展之道。說天是道，乃就生命發展的向度而言；說天是自然，則是就生命自主的立場而言。在莊子的形上學中，天、道、自然，三者的意義是可互通的。

至於「死生，命也」，並非以命為生命之主宰。命是天對生命的限定的總稱，它以「氣」為限定之要素，而真正的主宰乃是天，也就是道。然須透過命，吾人之生命才可上達於道，命具有道的意義，它使生命自不成全而成全，自潛能狀態趨向澈底的實現，故論道的〈大宗師〉最後歸結於命：

吾思夫使我至此極者而弗得也。父母豈欲吾貧哉？天無私覆，地無私載，天地豈私貧我哉？求其為之者而不得也。然而至此極者，命也夫！

以天地之無私解脫因一己之私所糾結成的「命」，天地之無私透顯道體，而一己之私則是「氣」之現象所致。此解脫首在了解命的意義，確定命的意義，而疏理清楚「氣」和「道」、「性」和「命」等之關係，以確立道的超越意義，以肯定生命發展的自我實現；莊子於此等關係之間貫以自然之精神，故在〈應帝王〉末，即內七篇之末，以渾沌總結自然之大義，以自然之德求生命之自我作主。由此，吾人可以發現：

1. 唯順自然，生命才能自作主宰。自然之精神乃莊子倫理學的普遍性的前提。

2. 順自然予生命之限定，吾人才能經由安命順命而回歸自然。知命而通命，運命以解命，可終於生命究竟的成就。故莊子是以「不作主宰」之虛靈心態，實現其主宰生命的最高理想。

三、精神專一論

「精神專一」乃是心靈的辯證工夫。心靈有靜有動，乃有正有反；心靈之「正」源自道，道之純正使心靈純正，「遊心於淡，合氣於漠。」（〈應帝王〉）乃向道之心，「淡」、「漠」皆有純正之意，而所以純正，乃因超於變化的物象，心不為「氣」所擾而勝物。至於心靈之「反」則由於心向多不向一，即向物不向道，「夫道不欲雜，雜則多，多則擾，擾則憂，憂而不救。」（〈人間世〉）因雜多而有擾憂，心靈乃由靜趨動，而產生各種擾害生命的相對性。生命所以雜多則往往是由於生命中「氣」的分化作用所致。

故精神專一乃在反心靈之反，反生命之反，以歸於心靈之正與生命之正。「生命之反」指一切阻絕生命回歸真我的障礙，而對於人的生命而言，反生命之因素多來自生理、心理及人文等現象，在〈庚桑楚〉，莊子將其細分為二十四種，粗分四大類：一、勃志者：貴、富、顯、嚴、名、利，二、謬心者：容、動、色、理、氣、意，三、累德者：惡、欲、喜、怒、哀、樂，四、塞道者：去、就、取、與、知、能。對這些反生命害生命之因素，吾人須徹之、解之、去之、達之，這都是精神專一的作用，而其根本原則為「虛」，「此四六不盪胸中則正，正則靜，靜則明，明則虛，虛則無為而無不為也。」（〈庚桑楚〉）「虛」是純正心靈之因，亦是純正心靈之果。它是道在生命中自行開出的各種路向，由志而心，由心而德，由德而道，生命須在虛靈的精神引領下前進。而此一「虛」的歷程即是「忘」的歷程，「德有所長而形有所忘」（〈德充符〉），「虛」「忘」兩者相互為用，虛而後忘，忘而後虛，故忘的工夫與生命本虛的基本原理相符應。

因此，我們可以將莊子精神專一的工夫，歸為兩種：

(一)心　齋

心齋即在運用虛的原理，「氣也者，虛而待物者也。唯道集虛，虛者心齋也。」（〈人間世〉）在此，所謂「氣」是採其形上意義，「心有知覺，猶起攀緣；氣無情慮，虛柔任物。」[6]無情慮之氣乃指純正的生命精神，它體化合變，故能在生命因形下之氣而自我分化之際，予以統合。「虛而待物」即是為了善處人間世。物有害生之可能，吾人以虛待之，即虛己以應物，物即在「虛」中化入於道，而與吾人生命交感相通，至此，物害便除。「心齋」義同「齋戒疏瀹而心，澡雪而精神。」（〈知北遊〉）「疏瀹」「澡雪」皆指「虛」的功能，虛以保實，反反得正。虛的妙用甚大，「夫虛靜恬淡寂漠無為者，天地之平而道德之至，故帝王聖人休焉，休則虛，虛則實，實者倫矣。」（〈天道〉）由虛而實，「實」指的是道的真實的內涵，「倫」即是生命倫理，兩者無殊，真實的道即生命本然的倫理，莊子倫理學的形上意義在此，而「虛」為倫理所以成其倫理之道，可以說，「虛」的原理完成了生命倫理的總相。「人能虛己以遊世，其孰能害之！」（〈山木〉）虛己而後能保守生命之體，收攝生命之用；用而不用，體不執體，精神自專一，生命之自由乃能澈底實現。「以虛靜推於天地，通於萬物，此之謂天樂。」（〈天道〉）「天樂」便是生命因「虛」而解脫而自由的最佳寫照，其返自然之正心靈之正的意義十分明顯。

㈡坐　忘

「墮肢體，黜聰明，離形去知，同於大通，此謂坐忘。」（〈大宗師〉）莊子發揮了

6成玄英疏，見郭慶藩輯《莊子集釋》，第一四七頁。

「忘」的作用，其中蘊藏強大之心能。故能將認知之層級由下往上推升，終入於大通之境。「忘」是為了統一心靈因去而不返、出而不入所造成的對立與矛盾，包括假我與真我的對立。忘的工夫使吾人內心統一，精神專一以向道，再進而統合內外之境，求生命之大統一。〈達生〉云：「忘足，屨之適也；忘要，帶之適也；知忘是非，心之適也。不內變，不外從，事會之適也。始乎適而未嘗不適者，忘適之適也。」因忘而適，適己適物，終適於道，而「忘適之適」，即無其所無，忘其所忘，故向道學道的歷程即是忘的歷程。正由於「忘其所忘」，反其所反，乃終不忘生命之根本，如此方能達生之情，而得生命之至樂，「至樂無樂」（〈至樂〉），因心靈一直處在「忘」的歷程中。祁克果云：「一個人所具遺忘能力的程度，則是他靈的彈性的最後尺度。如果一個人不能遺忘，他絕不會等於記取了許多。」又云：「記取與遺忘的藝術，也將確保對某種生命關係的執著，而且使得一項完全自由的實現，成為可能。」[7]雖然莊子和祁克果的存在感受有所不同，兩人對「靈」的觀點亦不同，但祁克果對「遺忘」的看法可幫助我們了解莊子的「坐忘」。莊子運用坐忘的工夫，兼顧了記取與遺忘的辯證性，旨在確保道與吾人生命吾人心靈的關係，

7 見《祁克果語錄》，陳俊輝譯，業強出版社，民國七十六年初版，第六六頁。

並期望完全自由的生命實現。

以坐忘的工夫，去除思慮之故智，乃能上達生命之「靈臺」（〈達生〉、〈庚桑楚〉），吾人之精神領域便可作無限之擴展。靈臺之「臺」有「可依」之義，其實，依而不依，因已忘其所依，更忘其所忘，而表現了吾人心理最真實之機能。至此，人生之積極意義乃更形昭著，人人便可在相忘之中，互不干擾，互不牽扯，互相協調，而從自然生命的情欲中超拔出來，實現「乘物以遊心」（〈人間世〉）的人生大願。心齋旨在超越官能及心意識，以化消任何心理之符應，而達到純粹之知；坐忘則旨在超越任何行動意念及道德概念，以去除任何知識之執著，而達到純粹之行。知行皆至純粹的境界，兩者便可合而為一，而融注成生命之真精神。

虛而後能齋，齋而能齊；忘而後能返，返而後能通。心齋與坐忘皆是生命簡化、復歸、辯證等原理的運用，皆是生命本體的開顯，同時也為生命倫理立定了意義的根本。

四、生命昇華論

生命昇華乃無窮的道德修養歷程，然莊子仍嘗試於其間劃分階段：

1. 三日外天下→七日外物→九日外生→朝徹→見獨→無古今→不死不生。（〈大宗師〉）
2. 一年而野→二年而從→三年而通→四年而物→五年而來→六年而鬼入→七年而天成→八年而不知死，不知生→九年而大妙。（〈寓言〉）

〈大宗師〉所言，乃是明道學道之歷程，側重在認知之超越，其精神專一與回歸之路向十分明顯；自朝徹以上，不標時日，因已超越一般之意識計執，而入於純精神之生命領域。〈寓言〉所言，則為行道履道之歷程，側重在德行的浹化，有出有入，有容乃大，其與「自然」相應之傾向十分強烈。究其實，兩種進程其實為一進程，皆以個體生命獨對精神世界，一心向道學道行道，終止於不死不生的玄妙境界。

生命之昇華旨在超脫生死，而昇華的極致，莊子名之為「攖寧」：「其為物，無不將也，無不迎也，無不毀也，無不成也。」（〈大宗師〉）所謂「攖而後成」（〈大宗師〉）是說生命在變中常保不變之真常，在動中常保寧靜之本體，這就是「至人之用心」：「不將不迎，應而不藏，故能勝物而不傷。」（〈應帝王〉）生死現象乃「物象」，對生命本真而言，此物象即假象；欲識假見真，借假修真，須運用自然無得的「虛」的原理，「體盡無窮，而遊無朕；盡其所受乎天，而無見得，亦虛而已。」（〈應帝王〉）生命昇華在「盡其所受乎天」，發揮自然之精神，而唯虛能見而無見，得而無得，完成生命之超越。說虛的原理是超越的原理，除了顯發其倫理意義之外，更可揭露其形上目的論之意義。

生命昇華有兩個基本原則：

1. 生命的淨化

2. 生命的成全

生命的淨化由心齋、坐忘的工夫而來，而生命之淨化須以「生命精神化」為先決條件。生命之成全在守住生命之本，「不離於宗，謂之天人；不離於精，謂之神人；不離於真，謂之至人。」（〈天下〉）「宗」、「精」、「真」皆指生命之本，而「不離於宗」、「不離於精」、「不離於真」則皆是成全生命的基本原則。「其於宗也，可謂稠適而上遂矣。」（〈天下〉）「稠適上遂」更顯出達道返本的超越意義。

一般人「判天地之美，析萬物之理，察古人之全，寡能備於天地之美，稱神明之容。」（〈天下〉）這是對生命的大反動，莊子反此大反，而在自然及人文的和諧中，融會了生命的美感與理性，並以無盡的美感陶冶理性，養成理性高度的鑑察力。生命的美感源自自然之生命，理性則旨在照全此一大生命，而這都在無窮的開放性及永恆性中進行。

故生命的昇華，一方面是返樸歸真的逆溯，一方面則是神而明之的升揚；這兩個方向須同時兼顧，以使所有生命之個體同時迎向超越個體性的大目的，生命的大目的就是道，而人當可以此大目的不斷陶鑄其人格。在此，我們可以引德日進的話為莊子的生命昇華論作一注腳：「我們的高峰，我們的極致，並不是我們的個體性，而是我們的位格。」[8]由個體性進於位格性，須經不斷的超越。個體性由自然生成，位格性則由人文化成，故此一超越之歷程乃是自然與人文的互動過程，位格（人格）的培塑即在自然的生命倫理中，以自然之精神化成具有高度人文意義的生命。

五、人格超越論

中國哲學強烈的實踐傾向，最後的指標是個人崇高的品格[9]。莊子也不例外，他以

8 德日進《人之現象》，李貴良譯，正中書局，民國五十九年臺二版，第三二一頁。

9 方東美以「個人品格崇高論」為中國哲學精神的三大特色之一。見方東美《中國哲學之精神及其發展》（上），孫智燊譯，成均出版社，民國七十三年初版，第三六－四〇頁。

「真」字作為品格崇高的寫照[10]。所謂「反其真」（〈大宗師〉、〈秋水〉），即旨在澈底實現生命之真實性，以成就超乎個體有限性的精神人格。

「真」來自「天」，「真者所以受於天也」（〈漁父〉），「天」即自然之道。故最高之精神人格在於回返自然之天道。「自然」為宇宙至高之真理，若吾人體現之，則吾人生命亦當與宇宙至高之真理合而為一。這不只是認知的超越，而且是精神的超越。

莊子超越人格，有三個主要方向：無名、無功、無己。若「無」為動詞，則「無」即「超越」之義；若「無」為名詞，則指向超越之最高理想。這三個方向，其實是一個方向。名、功、己等人文產物皆是生命超越之障礙，足以堵塞生命價值的創造性泉源。在無窮的超越歷程中，人之位格終歸於「一」，而為「一」所成，所謂「聖有所生，王有

10 根據王煜的統計，《莊子》書共有六十六個「真」字，其中包括十六次的「真人」。參見王煜《老莊思想論集》，第四二七—四三八頁。莊子重視「真」，而把「真」義歸結於「真人」與「真知」。返真而不可忘真（〈山木〉云：「見利而忘其真」），超越性的人格與超越性的真理是同一根源的。由此可見，莊子是以最高的真理成其最高的生命，亦是以最高的生命成其最高的真理，這兩種成就其實是一種成就，因皆在生命本真的超越範疇中。

所成，皆原於一。」（〈天下〉）人格原於一，也成於一，「一」即無其所無的道之絕對之有。由此看來，人格的超越和齊物論之認知的超越一樣，同歸於無窮之生命系統。

超越人格有「超越人倫」之義，這是莊子和儒家的最大的分野。莊子游心自然，其實一心超乎所謂的「自然界」，亦同時超乎自然與人文之分界。老子論道，止於「有生於無」；莊子則以「無無」化「無」，此一形上的超越思想直接貫注於倫理思想中，故莊子倫理學不斷在吾人生命中化解人倫可能肇致的危機。「無無」是向上的超化，也是向下的融化。故莊子之超越人倫，並不在打破本乎「命」與「義」的倫常關係，而在於以道的超越意義不斷點醒吾人，使吾人在開展平面的生命向度時，能同時向上提起，而不為任何道德之規範意義所束縛，以永保生命精神之真純。〈天下〉論天人、神人、至人之餘，總結以「以天為宗，以德為本，以道為門，兆於變化，謂之聖人。」這是生命價值的大融合，其根苗早種於莊子的形上思想中。

故吾人不可陷入天人神人至人超然純然的生命美感中，而應重視至人神人聖人在超越名、功、己等人文果實之後，仍不妨其有名有功有己的人格的大統合。超越並非超絕，其上下交應，旁通統貫的精神，和大易的乾坤之道並不違背，莊子所以關心「天地之純，古人之大體」（〈天下〉），而恐道術將為天下裂，其悲懷即源自此一超越論。

尼采的超人鼓吹「權力意志」，認為在超人的生命創造之前，須先打碎一切之價值[11]。莊子則不然，他在人格超越的道路上，並不打碎價值，而是對價值作超越的省思，作澈底的整理，然後再予以重建。可以說，莊子守住價值清澈的源頭——道，而在價值系統不斷趨向末流之際，仍能常保其價值之真義，不使其因周流於人間世而變混濁，而成為虛假之物。因此，莊子一方面能守天下之大戒，而「無所逃於天地之間」（〈人間世〉），一方面又能依「事之變，命之行」（〈德充符〉），而使一己之才全德亦全，實現人格的超越理想。在此，我們可以發現：莊子的人格超越之路乃生命之中道，而中道的目的在實現「不窮盡一切假」的至真、「處處莫非象徵」的大美，以及「無有不善」的全善。亞理斯多德云：「德性是一個中庸之道，這個中庸之道是按著中正的標準及最好的標準來判斷的，最好也是一個極端。」[12]亞氏的中道有「至善」、「極善」之義，和莊子

11尼采云：「只是生命所在的地方，即有意志；但是這意志不是求生之意志，——我鄭重地告訴你——而是權力意志。」又云：「真的，誰不得不創造善惡，便不得不先破壞，先打碎價值。」見尼采《查拉杜斯屈拉如是說》，雷崧生譯，臺灣中華書局，民國六十七年臺七版，第一七三—一七四頁。

12見高思謙譯《亞里士多德之宜高邁倫理學》，臺灣商務印書館，民國六十八年初版，第三三—三

「至人」之「至」義應有吻合之處。故說莊子的人格論是一部「至人論」，該是十分恰當的[13]。

六、天人分合論

明天人之分，達天人之合，似已超出一般之生命倫理，而入於不可言宣的密契境界。然就莊子而言，天人之辨仍在理性範疇中，而天人之合雖已超乎理性，但境界之妙諦原為助成步驟分明的修養進階，絕不可以「境界」去「工夫」，或竟落入恍惚的精神狀態。〈大宗師〉云：「知天之所為，知人之所為者，至矣。」又云：「天與人不相勝也，是之謂真人。」天人之分不妨天人之合，分是為了合，乃辨而不辨，故合無所合。天以「自然」涵養人為之一切，並統合之，升揚之。可以說，天是人之所以為人的原理與理想，而人是天的具體見證。「無為而尊者，天道也；有為而累者，人道也。」（〈在宥〉）

13 參見方東美《中國哲學之精神及其發展》（上），第一八六頁。

四頁。

人本身已具備有反天之因素，故由有為而無為，是反反之正，天人之間存在著肯定與否定的辯證關係，是天成就了人，是人使天展現了成就人的超越精神。故「無以人滅天」（〈秋水〉），應以天助人，此助其實無所助，乃人之自助自成。自助自成者無「助」無「成」之名，故吾人不可執著「人之君子」之身分，而作「天之小人」。合德通道，首在消化「行仁行義」、「作禮作樂」等概念及其所牽引的道德行動，是所謂「退仁義，賓禮樂」（〈天道〉），至人之超越精神由此建立。故上與天合，須有相忘於道術的開放心靈，開放向天即開放向人。荀子批評莊子「蔽於天而不知人」（《荀子．解蔽》），並不公允。莊子明天人之分，並無知識之蔽；而達天人之合，也無行動之蔽。就天人分合論而言，莊子已把理性與行動的關係調理妥當；站在超吾人理性的天之立場，所有因知有所蔽而形成的一曲之見皆已一一化入於密契境界中，而使其「所蔽」不再構成任何之知識障，這也證實：道的意義無不可具現。天人合一的理想並非一蹴可及，須由可能相勝的分的狀態，漸進於不相勝的合的狀態，其間的歷程是無窮的。

天人合一與自然之精神有根本性之關係[14]。自然之精神在「變而不變」之間顯露，

14 楊慧傑認為莊子天人合一的根據在自然的精神化，參見楊慧傑《天人關係論》，大林出版社，民國

故〈大宗師〉云：「安排而去化，乃入於寥天一。」「寥天一」即天人合一的絕對境，其中生命個體無不獨立，亦無不統合，真獨立成其大統合。至此，萬物歸一，一切存在物回歸自身，回返存在之本源，故能依存在之基本原理，使一切之事相作全般之展現。「寥天一」彷彿多瑪斯的「太一」(Supreme One)：「萬有出於太一，也將歸於太一。」又云：「萬有都在一之上模仿太一，每一物皆是一，且每一造化物都有秩序之一。」[15]多瑪斯的「太一」是存有本身，也是價值本身。莊子的「寥天一」則是存有的最高境，亦是價值的最高境。存有與價值的大統合，實現了「存有即真理，真理即存有」的認知的最高理想，也使一切具有價值之指標的行動完成了生命的超越，至此，真理為「本體之真理」(Ontological Truth)，生命為「本體之生命」，不離生命之本體，吾人才能對生命作最

七十年出版，第一三〇—一三四頁。筆者認為天人合一與自然之精神，兩者之關係是互動的。「自然」一本身即具精神之根本義，亦即包涵天人合一之實質的各種可能性，而天人合一則是自然精神之最高的表現。

15 出自 Thomas Aquinas, *Summa Theologica, Summa Contra Gentiles* 等書，中譯引自沈清松《存有與價值》，輔仁大學哲學研究所碩士論文，民國六十四年，第三八頁。

高層次的肯定，並採取最高層次的行動。最高層次的肯定為最高之真理，最高層次的行動能實現至善至美的價值，最高的生命就在真理與價值的最高的統合中。故莊子最高的人格永在超越之中，亦永在實現之中，超越與實現皆指向生命之至極。莊子以「生命之至極」(至人神人是「生命之至極」的具體象徵) 透顯生命之終極性，即是以生命理想的無窮性 (「無窮性」也可稱之為「無限的高度」，因生命理想具有形上的超越意義。) 透顯生命的永恆性。這應可說是莊子生命倫理學的一大特色。

第十一章 結 論

經過以上的詮釋與論究，我們發現：通貫莊子生命哲學，有兩大形上原理：一為超越，一為辯證。「超越」(Transcendere)在拉丁文，原為動詞，意思是超過或超升，它有三層意義：一、意指不繫於認識者的意識，二、意指超感覺而非經驗所不可及者，三、意指非經驗所得染指[1]。借此西方哲學之概念，我們對莊子生命哲學之運用「超越」，當有較清晰之認識。莊子超越感覺，超越意識，超越經驗，至於超其所超，乃入於玄之又玄。他之所以不重視靜態的本質，而直接以實際存在之事物為思想範疇，即肇因於此一超越之形上思考。除了以上所述，莊子的超越尚有幾項主要的意義：

1. 超越須在生命之中進行，超越乃生命潛能之澈底實現。
2. 超越須以本體之有為基本範疇，莊子是以「道」統合其本體之有之意義。
3. 超越之道是多向的，而有其不動的中心。超越之道周遍太虛，包涵一切之有，並

1 參見布魯格編著《西洋哲學辭典》，項退結編譯，先知出版社，民國六十五年臺初版，第四二六頁。

貫之以無窮的道的意義與生命的意義。

4.「氣」與「命」為超越的起點，超越旨在使生命之氣由物質義進於精神義，使生命之命由決定義進於完成義；決定而完成，乃超越在生命體中的一貫之道。

5.超越有其終極之目的，超越乃在完成生命終極之目的，生命之終極唯在「超越」之中方可確立。

就知識論的立場，莊子「超越」的最高意義是在超越「有始」、「無始」及「有」、「無」等概念及其所形成的思想困境，以使吾人得以肯定絕對的道及絕對的有。在超越的歷程中，莊子貫以無窮的生命系統，並以此展現無比卓越的生命精神。筆者所以屢次使用意義並不甚明確的「生命精神」(The Spirit of Life)，主要的理由，約有六項：

1.欲以「生命精神」綜合莊子「心」、「神」等之意義，而莊子重「心」的傾向，乃以心之精神義為主導。

2.莊子統合「心」與「神」，並將心神之體用與生命之體用合而為一。

3.生命之有精神，至於生命之為精神體，有其一貫之道，此一貫之道包括生命存在之道與生命修養之道。

4.生命生於精神之領域，乃指生命因道而有，因道而生；而精神之生於生命，是生命因道而創造而自我實現。這兩個「生」的作用皆在存有的範疇中，皆依存有之意義而不斷進行。

5. 生命以精神為其根本，而精神源於本體之有、絕對之有，即道之為有，故生命之精神乃生命表現本體之有的總相。

6. 至人、神人之超越人格皆以生命精神為超越之根本與前提；若生命無「精神之有」之超越屬性，則生命根本無超越之可能，生命之價值亦將無實現之可能。

莊子確實對「生命精神」有其獨特而深入的體驗，這是莊子建立其道論（本體論）的基礎所在。唯經由不斷的超越，生命之精神才得以發揚，而生命方可能轉化成精神之生命。

至於莊子的辯證(Dialectics)，則循生命精神之基本規律，從思考歷程進於存在歷程，甚至以存在之規律引導辯證之進行。當然，他始終把握辯證的基本精神：「對立的一致」(Coincidentia Oppositorum)，乃因此產生近於泛神論之色彩，然他一直堅持道的獨一性及生命的真純性，在正反之間，有其統合之道；在內外之間，有其連貫之道。故在吾人運用諸多哲學理念，進行莊子之研究之時，須盡量回復莊子之基本生命觀點及生活態度，而莊子的生命觀點難免夾纏文學與哲學合而不分的生命意念，其生活態度亦有因不熱中於抽象思考所導致的非哲學或超哲學的傾向。因此，若對莊子充沛的藝術性及崇高的人格理想，無所意會，無所契合，則一切抽象性的解析工夫是極可能破壞莊子的哲學風格，甚至斲傷莊子的哲學生命。

在此，我們仍有必要進一步闡釋莊子的歷程觀。〈天地〉云：「留動而生物，物成生理，謂之形。」這是物之形成之歷程。陽動陰靜，陰陽衍生天地歷程，天地歷程是陰陽的和合，亦即動靜的統合；言動已包涵了靜的意義，言靜亦已包涵了動的原理，這是莊子歷程觀的基本特色。而生命在天地歷程之中，其最後的歸向：「同乎太初」、「同乎大順」，足以證明生命歷程除了依循天地自然之歷程外，更綜合運用了生命之回歸、辯證、統合等原理，而將生命之歷程自天地之有限性中，推向無限的天地（此「天地」之意義是採取至高的形上意義），亦即從相對境界趨向絕對境界，故其歷程並非平面之流動，而是向上的超升；歷程不只涵蓋了生命個體之生成，更指向生命精神多向的發展。可以說，超升之意義足以總結莊子歷程觀之全部意義，歷程是超升的歷程，而超升是歷程的超升。

以生命為一歷程，是須與「以道為生命歷程之根本原則」相互配合，而由此方能展開生命有機體之整體性及系統性。歷程觀賦予生命系統真實之意義，且對生命體之自我保存，遂行其超乎現象的引導職能。若從「目的性」來觀察生命之歷程，吾人可以發現：

生命之目的就在生命歷程中，亦即在生命出機入機的循環往復中，故生命目的之講論，不可為吾人之心理取向及思想方法之使用所牽制，而須保持吾人理性之主動性，以就生命自身而論生命，就自然本身而論自然，如此，方可能在安立生命目的之前後，仍保持生命系統的一貫性及生命體之完整性。若再作分析，莊子生命歷程觀尚有如下之特點：

1. 各生命體是以個體性入於生命之歷程中，各生命體是在生命歷程中實現其個體之價值。生命歷程與價值之實現須是同步的，欠缺價值內涵的生命歷程是沒有意義的。

2. 各生命體各有其生命歷程，這是小歷程，而各生命體由道統合成的大全乃是大歷程。大歷程包涵小歷程，小歷程是在大歷程中，才得以不斷調整其方向，以堅持其存在之原則，生命的統合功能由此運作。

3. 生命歷程無始無終，這是就辯證的無窮性立論；然就道之為可理解之生成原理而言，生命歷程始於道，終於道，在道的終始往復之中，生命以其氣化（包括自化與互變）進行其生命之歷程。

4. 各生命機體的發展有其不斷創新的趨勢，有創新才有發展，故生命歷程中，除了生命本質的連續狀態之外，生命種別之間另有跳躍、突變等現象，因此，生命歷程之為「發展原則」，並非只是「形成理論」，而是多向度多層次的變化理論與創化理論。

5. 生命歷程的最高意義是在生命本體的範疇中，將所有之生命現象匯歸於生命之本源，這也就是「太初」、「大順」的意義。

生命之為概念，難以言明。生命之為系統，更難以掌握。這不僅是哲學的難題，更是生命的難題。面對莊子，我們應和莊子一樣，須善於處理諸多涉及吾人身心的生活課題，而這是可能傷及思考的嚴密性的。在吾人之思考可能無法達成其自身之目的的情況下，莊子因此特別重視實踐的修養。莊子修養論具有超越性的特色，他那有關「心」的工夫，使後人將之比擬於禪；然莊子與禪，尚有相當大的距離，這不僅和哲學思想自身之發展有關，更涉及哲學思想所依託的歷史背景。

莊子重道亦重德，重性亦重命，重天理亦重人義，這使他近於儒，但其所重之德有道的超越意義，所重之命非儒家之天命，所重之義已少有儒家道德之規範性。唐君毅認為吾人生命存在與形上之天相依相即，而兩者合而可分之際，便出現「命」之概念[2]。

---

2 唐君毅云：「吾人之生命存在與其超越的形上根原之天，即有相依相即，而又相隔相離之一關係。故此天人之際，不可只合說，亦不可只分說。欲說其合而分之際，遂有『命』之觀念之建立。」見唐君毅《生命存在與心靈境界》下冊，臺灣學生書局，民國六十七年再版，第八七二頁。

以此觀點看莊子之命，大體不差，但順此以下，儒家之言性命與天命，則與莊子有所分歧。莊子的命是以天命統合氣命，以氣命統合性命，而統合之道為莊子思想之中心——道。其「道」之超越屬性，則與儒家的「道」的內涵有十分顯著的不同。

至於莊子的生死觀是否即為一「長生論」，則尚待斟酌。莊子之精神源自道，其與有生之物的關係是由上往下的流佈，精神使吾人有養生之可能，使生命的進程能由下往上發展，但對「長生」之理想，莊子並不熱中。內七篇的大義著重在認知論、倫理學與道的形上學，其養生之論乃為道德之論，與其形上思想有直接而密切的關係，故其養生乃是一種道德修養，而非偏重現實義生理義的長生久視之道。故莊子之密契境界，應是以生命境界為主體，而生命境界須以有生有死之事實存在為起點，超生死即在超生死的現象義。可以說，莊子對生死採有距離的觀照，此一距離由生命精神自然具現。藉生命精神之發展，吾人即可不斷調整此一距離，以使生命自我完成的能力可以不斷發揮出來。生死之間的距離則以「道」為調整之準則，由有距離漸進於無距離，生死的現象義終可

筆者認為莊子在天人或分或合之際，皆講「命」。天人合一，命為德命；天人二分，命為氣命；天人由分而合，性命便由氣命上轉向德命，莊子安時處順之道即在此。

化消，精神生命乃具永恆不死的意義。而生死的一貫性，並非現象的連續性，其間有形上之道為其根本之基礎，故能「善吾生者，乃所以善吾死也。」（〈大宗師〉）

莊子在認知論中，反證道由有至無，以至於無無，實為其生命倫理鋪設了一條「返證」之路，這是莊子始終能不離道樞論道，不離生命論生命的根本原因，而其因返證而復歸的歷程，則演成一大倫理秩序。由體而用，自內向外，則是莊子入世的明證。由此亦可見，生命精神足以作為哲學思考與諸多現實行動的礎石，它的實現性大可推擴為實證性，這未始不是知識之意義的最大保證。

在此，我們尚可發現莊子的生命哲學潛藏著幾個實際的問題及可能的難題，可供我們繼續作更深入的思考：

1. 莊子「道遍在宇宙」的觀點是可能流為「泛道論」，而逐漸喪失道的獨立性與超絕之特徵。對物性物理的了解若不足夠，對自然生命之原創若不加以肯定，則道之內在於物內在於生命，就將成為莫大的思想之謎。莊子對因果關係的必要性，似無真實而切要的認識[3]。這或許是莊子一心求道以體化合變，所遺留下的一個問題。

---

3 就西方形上學而論，因果律是一必然的律則，也是一基本的原理，因果的關係須由第一因決定。莊

此外，尚有兩個問題值得我們注意：

⑴道如何內在於宇宙？宇宙又如何因道之遍在而生成？

⑵自然之變化如何成其為指引人入道的精神理則？亦即：「自然」究如何精神化？「自然」的意義與道的意義是否全然等同？

這兩個問題若不解決，則莊子泛道論的危機將更為嚴重。

2.莊子在包容差異之際，忽略了邏輯難題。是非之辯，如何能了？其辯論之實況，如何能為體道之精神所化解？無所窮盡的辯證程序又如何終於道？欲解決這些問題，須先完成一套處理差異性的邏輯，否則哲學思考將喪失其清晰性，莊子對此似尚未有一套

子雖以「道」作為一切因果關係的第一因，但由於道的體用是在生命循環往復的狀態中展開，道之為第一因之意義乃漸失其超絕於萬物之上的特性，而終於統合了道之創化義與物之進化義。胡適之所以採用「生物進化論」來解釋莊子的生命發生說，並進而質問「上帝之因」（參見胡適《中國古代哲學史》，臺灣商務印書館，民國六十五年臺七版，第一一四—一一八頁。）即因其只著眼於生之第二義，而將道的創化誤為物之進化。莊子未能在生命發展的歷程中，不斷突顯其「道」之為第一因，亦未透過因果的必然性，以展現道在萬有而超萬有的實有內涵，如此輕忽因果律的心態，也是造成此一誤解的原因。

較嚴密較完整的看法。

3.莊子在批判語言之後，並未建立其語言哲學。當然，我們不能以此責求與我們有長遠之歷史間隔的古之博大真人。透過莊子靈動的語言及玄妙的意境，再藉助於今日語言之嚴密性與繁複性，則在莊子批判語言的基礎上，是可能建立起一套足可支撐其形上理境的語言哲學。

4.莊子在透視價值，並進行價值之超越之後，並未建立其價值哲學，故論者或謂：「我們不能憑藉道家的超人文主義 (Super-Humanism) 來建立有秩序的社會。」[4]或謂：「莊子唯一可以批評的是他醉心於離世獨立，而輕忽了世俗生活。」[5]這可能都是因為莊子以其與生命之終極攸關的形上義諦，為其思想之中心點，故無意亦無暇論及人文社會的秩序與其中企待重整的價值系統。可以說，莊子的超越心太切，故對於思想平面的開展及概念可以形成的理論結構，乃未付以多少的注意。〈天下〉評莊子「芒乎昧乎，未之盡者。」所謂「未之盡者」即指其思想體系（概念體系）尚未足以照應其現實世界的整

4 見王煜《老莊思想論集》，聯經出版公司，民國六十八年初版，第七三頁。

5 見方東美《生生之德》，黎明文化公司，民國七十一年四版，第二七三頁。

體架構。當然，這已涉及莊子對語言的看法及其歸本於道的價值觀。吾人究應如何面對「絕對者」、「無限者」、「終極者」？並以何種方式體現與絕對者、無限者、終極者結合的理想價值？莊子自有其在充分了解思想與語言之機能之後所提出來的解決策略，這與思想與語言的有限性與窮極性有莫大的關係。

總觀莊子的生命哲學，是已從靜態的概念領域進入動態的思想歷程，莊子即以此「歷程哲學」進行其生命之超越，以上達無思無慮無言的精神境界。一方面，莊子發現種種人心與人世的危機，一方面則為生命之創造提供無比廣大的範疇。他的自知之明使其思考方式不至於作繭自縛，而他對最高生命的理念及對無上真理的信念，則使他在解開人世間的諸多包纏之後，很順當的登上生命的高峰。

莊子的道彷彿是「創造神力」，創造宇宙之生機，並使萬物皆具此創造神力，而各以不同之型態展現此創造神力[6]。萬物乃依序完成其生命。生命之成為一大系統，即因道之創生有無窮之意義。「生命系統」一詞對莊子而言，具有高度的哲學意義，而生命如何

6 有關「創造神力」之義，請參見羅光《生命哲學》，臺灣學生書局，民國七十七年修訂再版，第一一〇頁。

衍成一無窮之系統，是關係莊子哲學成敗的根本問題。

當然，莊子的道的意義並不等同於「創造神力」，將兩者作一對比，乃是為了突顯道的無窮的創生義。生命系統在道中展開，在道中完成，其展開與完成皆具無窮之創生義。生命系統使各種生命之具體存在得以在自然的形上意義中與唯一之真實——道——合而為一。莊子是以其廣大的哲學系統詮釋生命系統，其哲學系統所具的全面性及開放性即來自生命系統的全面性及開放性。他並未在物質、生命與價值之間劃下明顯的標記，但透過知識論、形上學與價值論的整合，他已將物質、生命與價值納入一元系統中，並在整合之同時，依然釐清三者之分際。故莊子的生命形上學，綜攝了境界型態與實有型態；立基於實有而開展無窮之境界，並在無窮之境界中逐漸發顯生命實有之內涵。

莊子生命形上學尚有「以變言常」的特色，他以變化展現生命進展之程序，並藉以詮釋吾人生命在人文世界中所獲致的歷史意義；處人間世所以須變己以應世，而變己的最高境界為「虛己」，即是因為變化之道通貫一切之生命，變化不僅是宇宙一根本之因素，更可說：變化乃實有之一根本原理。生命在變化之程序中達成生命各階段之目的，而就生命之全體而言，是目的在生命之中，生命為一大目的所含藏，此一大目的在由生命而意識而精神的一貫之道中，這是莊子生機論的核心意義。以不斷超越之意識超越生命為差異性所安立之階段，並再以精神化解意識所可能造成的思想難題。莊子以氣的真實性開啟道的真實性，即具有此一超越之義諦，而現象與現象背後的實體之間確有其真實之關聯，這是莊子生命形上學值得吾人再開發的奧祕所在。劉述先在〈系統哲學的探索〉一文中說：「只有在絕對之同的前提下，差異才成為不可能，又只有在絕對之異的情形下，交感始成為不可能。但由現象所呈現的真實看來，宇宙乃是一氣流通的；在一氣流通之中，卻又表現成為各種不同形式的差異相，但並不妨害這些不同形式之間的互相交感，也不妨害這些不同形式一根而發的事實。」[7]莊子生命哲學大顯此一氣流通、互相交感的生命總相，而生命現象的真實性即氣之真實性，在此一真實性中，同異大可相即共容，故可見莊子生命哲學實有足以建構系統哲學的雄偉格局。道一本而物萬殊，莊子確已在其中發現了無比豐富的互動的意義。

最後，筆者願引德日進的一段話，為莊子的生命哲學舉一旁證，並作結語：

不根據人類，人是無法自己徹底觀察自己的；不依據生命，人是沒辦法徹底觀察

7 見劉述先《中西哲學論文集》，臺灣學生書局，民國七十六年初版，第三二五頁。

人類的；不憑依宇宙，人是不能徹底觀察生命的。[8]

生命的創化以生命意識的昇華為主導，而意識的昇華即思想之自我解放，莊子生命哲學即以此為主題。莊子觀己觀人觀物，皆以生命為依據；而他進以天地觀生命，以道觀天地，將一切之無生納入一切之有生，將一切之生命融為一大整體，並以此大生命之一體性及統合性解決一切之生命問題，而他對生命所作的本體意義及現象意義的解說，壹以道為準則，故其生命哲學，可稱之為「道的生命哲學」，其生命形上學即超越的形上學。本論文所以反覆論道，所運用之概念所以循環交錯，即是為了推衍莊子此一哲學系統。

8見德日進《人之現象》，李貴良譯，正中書局，民國五十九年臺二版，第一〇六頁。

參考書目

1. 丁原植，《老莊哲學中「有」「無」問題之研究》，輔仁大學哲學研究所博士論文，民國七十年。
2. 于大成、陳新雄主編，《莊子論文集》，木鐸出版社，民國六十五年。
3. 中國哲學會主編，《哲學論文集》第四輯，臺灣商務印書館，民國六十二年初版。
4. 中華民國老莊學會編印，《第一次世界道學會議會前論文集》，中道雜誌社出版，民國七十六年。
5. 方東美，《方東美先生演講集》，黎明文化公司，民國六十九年再版。
6. 方東美，《生生之德》，黎明文化公司，民國七十一年四版。
7. 方東美，《原始儒家道家哲學》，黎明文化公司，民國七十二年初版。
8. 方東美著，孫智燊譯，《中國哲學之精神及其發展》（上），成均出版社，民國七十三年初版。
9. 方迪啟著，黃藿譯，《價值是什麼？——價值學導論》(*What Is Value? An Introduction to Axiology*)，聯經出版公司，民國七十三年初版。
10. 王夫之，《莊子通．莊子解》，里仁書局，民國七十三年。
11. 王先謙、劉武，《莊子集解．莊子集解內篇補正》，木鐸出版社，民國七十七年初版。
12. 王叔岷，《莊子校釋》，國風出版社，民國六十一年。

13. 王國維著，滕咸惠校注，《人間詞話新注》，里仁書局，民國七十五年。
14. 王煜，《老莊思想論集》，聯經出版公司，民國六十八年初版。
15. 卡西勒 (Ernst Cassirer) 著，杜若洲譯，《人的哲學》(*An Essay on Man*)，審美出版社，民國六十五年初版。
16. 尼采著，雷崧生譯，《查拉杜斯屈拉如是說》，臺灣中華書局，民國六十七年臺七版。
17. 布魯格編著，項退結編譯，《西洋哲學辭典》，國立編譯館出版，先知出版社印行，民國六十五年臺初版。
18. 多瑪斯著，呂穆迪譯，《論萬物》，臺灣商務印書館，民國五十九年初版。
19. 成中英，《中國哲學與中國文化》，三民書局，民國七十年再版。
20. 牟宗三，《才性與玄理》，臺灣學生書局，民國六十三年三版。
21. 牟宗三，《中國哲學十九講》，臺灣學生書局，民國七十二年初版。
22. 牟宗三，《中國哲學的特質》，臺灣學生書局，民國六十九年六版。
23. 老子著，王弼註，《老子》，臺灣中華書局，民國六十九年臺九版。
24. 吳光明，《莊子》，東大圖書公司，民國七十七年初版。
25. 吳怡，《中國哲學的生命和方法》，東大圖書公司，民國七十三年再版。
26. 吳怡，《逍遙的莊子》，東大圖書公司，民國七十五年再版。
27. 吳康，《老莊哲學》，臺灣商務印書館，民國五十八年修訂臺七版。
28. 吳康，《莊子衍義》，臺灣商務印書館，民國五十五年初版。
29. 李貴良譯，《聖多瑪斯形上學》，三民書局，民國六十七年再版。

30. 李增，《老莊「道」的研究》，輔仁大學哲學研究所博士論文，民國六十九年。

31. 李震，《中外形上學比較研究》，中央文物供應社，民國七十一年。

32. 李震，《基本哲學——有與無的探討》，問學出版社，民國六十七年初版。

33. 沈清松，《存有與價值》，輔仁大學哲學研究所碩士論文，民國六十四年。

34. 沈清松，《現代哲學論衡》，黎明文化公司，民國七十四年。

35. 周紹賢，《莊子要義》，文景出版社，民國六十二年。

36. 林希逸，《莊子口義》，弘道文化公司，民國六十年初版。

37. 林雲銘，《莊子因》，蘭臺書局，民國五十八年初版。

38. 林語堂編著，《林語堂當代漢英詞典》，香港中文大學出版社，民國六十九年二版。

39. 林聰舜，《向郭莊學之研究》，文史哲出版社，民國七十年初版。

40. 武內義雄著，汪馥泉譯，《中國哲學思想史》，商務印書館，民國二十五年。

41. 祁克果著，陳俊輝編譯，《祁克果語錄》，業強出版社，民國七十六年初版。

42. 金白鉉，《莊子哲學中「天人之際」研究》，文史哲出版社，民國七十五年初版。

43. 柏格森著，張東蓀譯，《創化論》，先知出版社，民國六十五年。

44. 柏格森著，張東蓀譯，《物質與記憶》，先知出版社，民國六十五年。

45. 柏格森著，潘梓年譯，《時間與意志自由》，先知出版社，民國六十五年。

46. 約德 (C. E. M. Joad) 著，施友忠譯，《物質生命與價值》，臺灣商務印書館，民國二十九年。

47. 胡哲敷，《老莊哲學》，臺灣中華書局，民國五十九年臺四版。
48. 胡適，《中國古代哲學史》，臺灣商務印書館，民國六十五年臺七版。
49. 范壽康，《中國哲學史綱要》，開明書局，民國五十六年。
50. 郎擎霄，《莊子學案》，河洛圖書出版社，民國六十三年臺景印初版。
51. 韋政通編，《中國哲學辭典》，大林出版社，民國六十六年。
52. 唐君毅，《中國哲學原論．原性篇》，新亞書院研究所，民國五十七年。
53. 唐君毅，《中國哲學原論．原道篇》，臺灣學生書局，民國七十五年全集校訂版。
54. 唐君毅，《中國哲學原論．導論篇》，臺灣學生書局，民國六十八年四版。
55. 唐君毅，《生命存在與心靈境界》，臺灣學生書局，民國六十七年再版。
56. 徐復觀，《中國人性論史．先秦篇》，臺灣商務印書館，民國七十一年六版。
57. 徐復觀，《中國思想史論．集續編》，時報出版公司，民國七十一年初版。
58. 徐復觀，《中國藝術精神》，臺灣學生書局，民國六十三年四版。
59. 馬敘倫，《莊子義證》，弘道文化公司，民國五十九年。
60. 馬塞爾著，陸達誠譯，《是與有》，臺灣商務印書館，民國七十二年。
61. 高思謙譯，《亞里士多德之宜高邁倫理學》，臺灣商務印書館，民國六十八年初版。
62. 張成秋，《莊子篇目考》，臺灣中華書局，民國六十年。
63. 張柯圳，《形上學及價值哲學論文集》，先知出版社，民國六十四年。

64. 張振東，《西洋哲學導論》，先知出版社，民國六十三年。
65. 張默生，《莊子新譯》，綠洲出版社，民國五十八年。
66. 曹受坤，《莊子哲學》，文景書局，民國五十九年初版。
67. 梁漱溟，《中國文化要義》，正中書局，民國五十八年臺四版。
68. 郭慶藩，《莊子集釋》，河洛圖書出版社，民國六十三年臺景印一版。
69. 陳冠學，《莊子》，三民書局，民國五十七年。
70. 陳鼓應，《老子今註今譯及評介》，臺灣商務印書館，民國七十二年修訂九版。
71. 陳鼓應，《莊子今註今譯》，臺灣商務印書館，民國六十四年初版。
72. 陳鼓應，《莊子哲學探究》，作者自印，民國六十四年初版。
73. 陳壽昌，《南華真經正義》，新天地出版社，民國六十六年。
74. 陳榮波譯，《語言迷宮的嚮導——維根斯坦》，時報文化公司，民國七十二年初版。
75. 陳榮捷，*A Source Book in Chinese Philosophy*, Princeton University Press, U.S.A., 1973.
76. 章太炎，《齊物論釋定本》，廣文書局，民國五十九年初版。
77. 傅偉勳，《從西方哲學到禪佛教——「哲學與宗教」一集》，東大圖書公司，民國七十五年初版。
78. 勞思光，《中國哲學史》，三民書局，民國七十年初版。
79. 焦竑，《莊子翼》，廣文書局，民國五十二年初版。
80. 項退結，《人之哲學》，中央文物供應社，民國七十一年。

81. 項退結，《邁向未來的哲學思考》，先知出版社，民國六十四年再版。
82. 項維新、劉福增主編，《中國哲學思想論集》，牧童出版社，民國六十六年再版。
83. 馮友蘭，《中國哲學史》。
84. 馮友蘭，《貞元六書》，香港龍門書店。
85. 黃宣範，《語言哲學——意義與指涉理論的研究》，文鶴出版公司，民國七十二年。
86. 黃錦鋐，《新譯莊子讀本》，三民書局，民國七十六年七版。
87. 楊士毅，《懷海德的哲學》，東大圖書公司，民國七十六年。
88. 楊慧傑，《天人關係論》，大林出版社，民國七十年。
89. 葉國慶，《莊子研究》，臺灣商務印書館，民國五十六年。
90. 葛慕藺，《形上學》，先知出版社，民國六十六年。
91. 趙文秀，《莊子的知識論與人生觀》，盛京印書館，民國六十年初版。
92. 齊思和編，《莊子引得》，弘道文化公司，民國六十三年。
93. 劉述先，《中西哲學論文集》，臺灣學生書局，民國七十六年初版。
94. 劉述先，《新時代哲學的信念與方法》，臺灣商務印書館，民國七十五年修訂一版。
95. 德日進著，李貴良譯，《人之現象》，正中書局，民國五十九年臺二版。
96. 蔣錫昌，《莊子哲學》，萬年青書店，民國六十三年再版。
97. 鄭聖沖，《存在的奧秘》，臺灣商務印書館，民國六十四年二版。

98. 錢志純，《理則學》，文景出版社，民國六十一年。
99. 錢穆，《莊子纂箋》，作者自印，民國五十二年。
100. 錢穆，《莊老通辨》，三民書局，民國六十二年。
101. 謝幼偉，《懷黑德的哲學》，先知出版社，民國六十三年初版。
102. 懷德海著，傅佩榮譯，《科學與現代世界》，黎明文化公司，民國七十六年三版。
103. 羅光，《中國哲學大綱》，臺灣商務印書館，民國六十八年四版。
104. 羅光，《中國哲學的展望》，臺灣學生書局，民國六十六年初版。
105. 羅光，《中國哲學思想史．先秦篇》，臺灣學生書局，民國七十一年增訂重版。
106. 羅光，《生命哲學》，臺灣學生書局，民國七十七年修訂再版。
107. 羅光，《理論哲學》，先知出版社，民國六十五年。
108. 羅光，《實踐哲學》，先知出版社，民國六十五年。
109. 羅光，《儒家生命哲學的形上和精神意義》，輔仁大學出版社，民國六十九年初版。
110. 羅光，《儒家形上學》，輔仁大學出版社，民國六十九年三版。
111. 嚴靈峰，《老莊研究》，臺灣中華書局，民國五十五年初版。
112. 鄔昆如，《西洋哲學史》，國立編譯館出版，正中書局印行，民國六十八年臺五版。
113. 鄔昆如，《莊子與古希臘哲學中的道》，臺灣中華書局，民國六十一年初版。
114. 憨山大師，《莊子內篇憨山注》，臺灣琉璃經房，民國六十一年再版。

115. A. N. Whitehead, *Function of Reason*, Princeton University Press, 1929.

116. A. N. Whitehead, *Process and Reality*, New York, 1929.

117. John W. Lango, *Whitehead's Ontology*, State University of New York, 1972.

118. Martin Heidegger, *Existence and Being*, edited by Werner Brock, Chicago, 1949.

119. Thomas Aquinas, *Commentary on the Metaphysics of Aristotle*, 2 Vol. translated by J. P. Rowan, 1974.

120. Thomé H. Fang （方東美）, *Chinese Philosophy: Its Spirit and Its Development*, Linking Publishing Co. Ltd., Taipei, 1981.

121. Thomé H. Fang, *Creativity in Man and Nature*, Linking Publishing Co. Ltd., Taipei, 1980.

王陽明哲學

蔡仁厚／著

陽明心學上承孟子，中繼陸象山，風靡累世，其中心思想——「四句教」、「致良知」、「心即理」是如何發展而來？這些思想具有怎樣的人生意義？「王學」在明代中葉之後，何以成為歷史上顯赫的學派之一，甚至學說東傳至日本？在本書作者深入淺出、循序漸進的論述下，為您一一解答。

老子的哲學

王邦雄／著

作者試圖把老子安放在先秦諸子的思想源流中，去探究道德經的義理真實，並建構其思想體系。八十一章的每一句話，都可以得到義理的安頓，並有一整體的通貫。本書由生命修證，開出形上體悟；再由形上結構，探討其政治人生的價值歸趨；並由生命與心知兩路的歷史迴響，對老子哲學作一價值的評估，以顯現其精義與不足。

韓非子的哲學

王邦雄／著

本書以天、性、心、情、欲等觀念為中心，探索其理論根基；以法、勢、術為重點，建立其體系架構。全篇分為七章，探討韓非子背景和思想、顯發精義與創見、明示困結及難題，加以深入而有系統的研究，是現代學者對前賢哲學的重建與追尋，將前人不朽之智慧，引入現代，成就韓非子永不褪色的歷史地位！

儒家思想：以創造轉化為自我認同

杜維明／著

本書展示了作者為建立當代儒學的核心價值和終極關懷所作的努力。這種紮根生活世界、結合人生智慧，而且嚮往宇宙真諦的思路，充分體現了二十世紀末期哲學重生的新趨向。書中所探究的基本議題——人類與自然的和諧、個人與群體的互動、人心與天道的相應，都是導源於「為己之學」，而通向家國天下，並遙契天命的儒家教言。

魏晉清談

唐翼明／著

這是中外各種文字中，獨立而全面地研究魏晉清談的第一本專著，它因而填補了中國學術思想史上的一項空白。作者以辛勤細心的態度，犀利獨到的眼光，分肌擘理、刮垢磨光，為我們重新展示了魏晉清談之內容與形式的面貌及其形成與演變的輪廓。全書材料豐富，條理分明，分析深入、文字雅潔，凡研究中國，尤其是魏晉的學術、思想與文化、文學者皆不可不讀。

禪思與禪詩：吟詠在禪詩的密林裡

楊惠南／著

本書分成兩大部分：第一部分簡要的介紹禪宗的思想；第二部分則將禪詩加以分類並賞析。書中所錄的禪詩都是禪師所作，不同於一般討論禪詩的作品，只是針對王維、蘇東坡等歷代文人的詩作，而作「禪意」的比附；另一特色則是：禪詩的賞析，並非從字義、名詞的註釋、解說入手，而是從禪師的思想及其悟境入手。

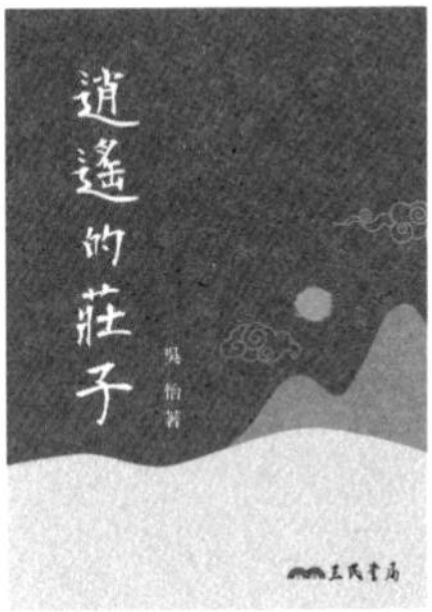

逍遙的莊子

吳　怡／著

在喧擾紛亂的世俗人間，莊子何以能逍遙其中？在莊子逍遙境界的背後，究竟蘊藏了什麼力量，使其能有超塵拔俗、一飛沖天的氣勢？「知識與道德是通向逍遙境界的大道」，作者以精闢簡練的文字，為莊子洗雪近二千年來學術界的誤解，重新詮釋「逍遙」的真旨，讓讀者能穿越時空，與莊子共體「逍遙遊」。

國家圖書館出版品預行編目資料

莊子的生命哲學／葉海煙著.——三版一刷.——臺北市：東大，2021
面； 公分.——（哲學）

ISBN 978-957-19-3249-1（平裝）
1. (周)莊周 2. 學術思想 3. 生命哲學

121.33 109020816

哲學

莊子的生命哲學

作　　者 葉海煙
發 行 人 劉仲傑
出 版 者 東大圖書股份有限公司
地　　址 臺北市復興北路 386 號 (復北門市)
　　　　 臺北市重慶南路一段 61 號 (重南門市)
電　　話 (02)25006600
網　　址 三民網路書店 https://www.sanmin.com.tw

出版日期 初版一刷 1990 年 4 月
　　　　 二版一刷 2015 年 8 月
　　　　 三版一刷 2021 年 2 月
書籍編號 E120650
I S B N 978-957-19-3249-1

東大圖書公司